地域福祉政策論

新川 達郎
川島 典子

編著

学文社

執 筆 者

＊川島典子　同志社大学ソーシャル・ウェルネス研究センター客員フェロー（第1・6章）
＊新川達郎　同志社大学政策学部・総合政策科学研究科教授（第2章）
　澤井　勝　奈良女子大学名誉教授（第3章）
　原田正樹　日本福祉大学社会福祉学部社会福祉学科教授（第4章）
　永田　祐　同志社大学社会学部社会福祉学科教授（第5章）
　瓦井　昇　元福井県立大学看護福祉学部社会福祉学科教授（第7章）
　藤井博志　関西学院大学人間福祉学部社会福祉学科教授（第8章）

（執筆順・＊は編者）

はしがき

　2000年代に入り，地域福祉は法律用語として重要な位置づけを与えられてきた。また，政策的にも大きく取り上げられ，国や地方自治体の方針や計画として地域福祉を主題とするものが整備されつつある。
　その一方では，福祉にかかわる民間団体をはじめとして，地域住民による様々な活動が地域福祉の名の下で協働によって進められようとしている。こうした「地域福祉の主流化」とも称される動きは，その後，本書でとりあげる「地域共生社会」の構想などにも発展している。しかし，これらをもって，はたして地域福祉「政策」の主流化といえるのであろうか。
　政策の主流化（mainstreaming of policy）は，これまで日本では，ジェンダー政策の分野において，しばしば使われてきた。様々な法律や制度が，ジェンダー平等原理に従って法制化され，従来からある法令は改正され，諸計画が改訂されてきた。もちろん日本のジェンダー平等については，いまだに多くの問題が指摘されており，真の意味でのジェンダー平等原理による強い政策統合は実現できているとはいえない。あるいは，強い政策統合に向かう方向性は定まっているが，その実現の途上にあるという意味においてのみ主流化しているといったほうが正しいのかもしれない。ここでいう強い政策統合とは，すべての法律や施政方針や行政計画において，ジェンダー平等原理が実現されるべき価値として位置づけられ，その方向に沿ったプログラムや事業が実施されることを指す。
　地域福祉は，政治や行政においても，また社会的にも大きく注目を集めており，関連する法律の制定や改正も進んでいる。しかしながら，本書の各章で指摘されているように，関連法体系と行政計画体系が整備され，それを実施する人的資源や財源が確保され，地域住民や各種の団体が行政と連携して地域福祉を支えることができているとはいえない。都道府県や市町村で策定される地域福祉計画，地域包括支援体制やその現状，社会福祉協議会を中心とした地域福

祉活動などは，地域福祉の理想の状態を実現する地域福祉政策の要（かなめ）であるが，そこにおいても様々なあい路に突き当たっているのが現実である。つまり，「地域福祉政策の主流化」は，今後，まだまだ進めていかなければならない現状にあるといってよい。「地域福祉政策の主流化」がどこまで進んでいるのかという評価は，本書の執筆者と読者にゆだねたいが，我々の社会において地域福祉が必要十分に機能する状態にあるとは，いまだいえないのである。地域福祉の理念が貫徹され，日々の暮らしの中で実践されていく未来に少しでも近づくためには，改めて地域福祉を支え，実現していく「地域福祉政策」を論じておく必要があると考える。

　本書では，これからの「地域福祉政策」のあり方をこれまでの福祉政策の経緯を踏まえた上で，理論と実践の双方から論じている。その理解を深めるためには，ローカル・ガバナンスやソーシャル・キャピタルの概念からの検討が必要だと考えた。また地域福祉の基本的な構成要素となるその財源論や地域福祉計画，地域共生社会，包括的支援，地域援助技術などの考え方そしてそれらの実践や実践事例を取り上げている。このように本書は，現状の「地域福祉政策」の解説書でもあり，今後あるべき姿を示す理論書でもありたいと考えて編まれている。

　多くの方々に手にとっていただき，地域福祉政策の視点への理解を深めるとともに「地域福祉政策の主流化」を目指す作業への共感をいただき，さらにはその実現に向けてなにがしかの行動や連携をいただければ幸いである。

2019年10月吉日

新川　達郎

目　次

はしがき　i

第1章　地域福祉の政策化の潮流――――――――――――――――1
第1節　本書の狙いと本書の構成　1
第2節　地域福祉の政策化　3
第3節　地域福祉政策の経緯と地域福祉の主流化　4
第4節　地域共生社会と包括的支援体制　7
　【コラム1】　生活困窮者自立支援制度による包括的支援
　　　　　　　（雲南市の事例）　11
　【コラム2】　介護保険の地域支援事業を財源とする包括的支援
　　　　　　　（名張市の事例）　13

第2章　地域福祉のガバナンス――――――――――――――――17
第1節　地域福祉におけるガバナンスの視点　17
第2節　社会福祉政策の転換とガバナンスの視点　18
　(1)　地域福祉重視への改革　18／(2)　地域住民等の位置づけ　20／(3)　地域福祉計画による地域福祉推進　22／(4)　包括的な支援体制に向けて　23／(5)　社会福祉協議会の役割　24／(6)　地域福祉と地域共生　26
第3節　「新しい公共」とガバナンスの視座　27
　(1)　共治としてのガバナンスへの注目　27／(2)　地域の社会変化におけるガバナンス型の対応　29／(3)　協働という考え方　30／(4)　公共概念の捉えなおしと地域福祉における「新たな公共」　31／(5)　公共概念の再定義と協働の位置づけ　32／(6)　協働の実践と展開　33／(7)　地域福祉に関するローカル・ガバナンスのデザインを考える　34
第4節　地域福祉政策のガバナンス　36
　【コラム3】　「ローカル・ガバナンスとは何か」　40

第3章　地域福祉政策とその財源――――――――――――――――41
　第1節　地域福祉財政と地方分権改革　41
　　(1)　地域福祉の担い手は多様　41／(2)　分権改革と財政　42
　第2節　堺市社会福祉協議会の事業とその財源　44
　第3節　校区ボランティアビューロー　44
　第4節　CSWの設置費を確保する　46
　第5節　堺市社会福祉協議会の事業　47
　第6節　堺市地域福祉協議会の財源　51
　第7節　社会福祉協議会の支出　54
　第8節　地域福祉にかかるその他の財源　54
　　(1)　地方交付税を原資とした「地域福祉基金」の造成と活用　54／(2)　生活協同組合の福祉基金との連携　55／(3)　共同募金の活性化とその活用　57
　第9節　おわりに――地方交付税への「地域福祉費」の算入を　60

第4章　社会福祉法の改正と新地域福祉計画の位置
　　　　――地域共生社会の政策動向と地域力強化検討会から――――――63
　第1節　地域共生社会の政策動向　63
　　(1)　地域共生社会の社会的文脈　63／(2)　地域共生社会を構成する4つの軸　68／(3)　地域共生社会が求められてきた背景　70
　第2節　社会福祉法の改正と地域力強化検討会の協議　72
　第3節　改正地域福祉計画の内容について　75
　第4節　改正地域福祉計画にかかわる「参加」について　78
　第5節　地域共生社会が目指す政策と課題　80
　第6節　おわりに　82

第5章　包括的な支援体制の実際――――――――――――――――85
　第1節　市町村における包括的な支援体制の方向　85
　第2節　社会福祉法における包括的な支援体制　87
　第3節　制度福祉と地域福祉の相互浸透
　　　　――包括的な支援体制の構築パターン　89

(1)　制度福祉と地域福祉の相互浸透　89／(2)　制度福祉の活用という視点からの類型　91

　第 4 節　包括的な支援体制構築事例（津幡町）　94

　(1)　包括的な相談支援体制の構築　94／(2)　住民に身近な圏域の体制　98／(3)　小　括　99

　第 5 節　考察とまとめ　100

　(1)　相談支援の包括化と相互浸透　100／(2)　住民に身近な圏域での相互浸透　101

　第 6 節　おわりに　102

第 6 章　ソーシャル・キャピタルを駆使した包括的支援 ―――――― 105

　第 1 節　本章の枠組み　105

　第 2 節　ソーシャル・キャピタルの概念とソーシャル・キャピタルの下位概念　106

　(1)　ソーシャル・キャピタルの概念　106／(2)　ソーシャル・キャピタルの下位概念　111

　第 3 節　包括的支援に必要な SC の下位概念　113

　第 4 節　SC の下位概念の地域差に配慮した包括的支援　115

　第 5 節　おわりに　118

第 7 章　地域援助技術の歴史と新たな発想の展開 ―――――――― 123

　第 1 節　民間福祉活動の変遷と地域援助技術の組成　123

　(1)　民間福祉活動の変遷と波及　123／(2)　地域援助技術の組成と視点の違い　124

　第 2 節　社協活動の揺らぎと地域援助技術の二極分化　126

　(1)　社協の創設と活動の揺らぎ　126／(2)　現代の主要な地域援助技術　127／(3)　地域援助技術の二極分化　130

　第 3 節　地域福祉における様式と社会の変動　131

　(1)　翻訳論と拡散モデルの様式　131／(2)　地域社会における近年の変動　132／(3)　メタ理論のパラダイム転換　133

第4節　メタ理論を転換した地域援助技術　134

　(1)　合意の組織化論　134／(2)　地域でのソーシャルワーク　137

第5節　実践科学としての本質と将来像への思考法　139

　(1)　実践科学としての本質　139／(2)　地域福祉学の体系化と将来像への思考法　139

第8章　地域福祉政策と地域福祉実践　143

第1節　地域福祉の特質　143

第2節　地域福祉実践の主体とその特質　145

　(1)　地域福祉実践の主体　145／(2)　地域福祉実践の特質　145

第3節　地域福祉実践の4つの方法　147

　(1)　地域福祉実践としての4つの方法　147

第4節　地域福祉人材の計画的配置の戦略─コミュニティソーシャルワークとコミュニティワークの関係─　151

　(1)　地域福祉計画における地域福祉人材配置　151／(2)　コミュニティソーシャルワークとコミュニティワークの関係整理　151

第5節　地域福祉政策を推進する地域福祉実践の具体的戦略　153

　(1)　地域福祉政策研究の経緯と方針の枠組み　153／(2)　地域共生社会形成の要点と自治体の制度設計　157

第6節　4つの推進方策の具体的内容　158

　(1)　推進方策1　まちづくり施策と連携した小地域福祉活動の推進　158／(2)　推進方策2　官民協働による地域福祉ネットワークの形成　161／(3)　推進方策3　包括的な相談支援体制の構築（総合相談支援体制構築の実践）　163／(4)　推進方策4　地域福祉（推進）計画にもとづく地域福祉マネジメントの強化─地域福祉計画による地域福祉行政の運営の強化─　165

第7節　おわりに　169

参考資料　173

あとがき　177

索　　引　179

第 1 章 地域福祉の政策化の潮流

第 1 節 本書の狙いと本書の構成

　近年,「地域福祉の政策化」と称される政策動向がみられる。本書の目的は,我が国において萌芽しつつあるこの「地域福祉の政策化」に至る地域福祉政策の歴史的経緯や,関連する諸理論を整理した上で,現在進行形で進んでいる「地域共生社会」の概念に基づく地域福祉政策の行方を理論と実践の双方から論じることにある。

　日本の地域福祉は,戦後,市区町村社会福祉協議会（以下,市区町村社協）の展開とともに,米・英から導入されたコミュニティ・オーガニゼーションやコミュニティワーク,コミュニティソーシャルワークなど,主に地域援助技術を中心に論じられてきた。それゆえ,地域福祉政策を主眼とした研究書に乏しい。また,社会福祉学や地域福祉の研究者と政策系の研究者が「地域福祉政策」という同じ土俵で論を交わす機会もあまりなかった。

　そこで,本書では,いわゆる昨今の「地域福祉の政策化」の流れをまとめ,地域福祉が政策化されるに至った経緯にもふれて,地域福祉政策を支える二大理論であるローカル・ガバナンスとソーシャル・キャピタルの詳細を述べた上で,政策学と社会福祉学の双方の視座から地域福祉政策の行方を論じる。

　今日の「地域福祉の政策化」の潮流において,最も刮目すべきは,「地域共生社会」の概念と,その概念に基づく全世代・全対象型の包括的支援体制であろう。そもそも,この「地域共生社会」とはいかなる概念であって,どういう経緯で生まれた政策用語であるのか？　また,同様に,包括的支援の方針は,どのような背景があって生まれ,どんな福祉政策を根拠として,財源はどこに置かれているのか？　そもそも,包括的支援とはいかなるものなのか？　本書は,以上のような疑問に十分に応えうる内容となっている。

そして，また，実際に包括的支援体制を実施していく上でのヒントや，地域福祉計画との関連についても述べられている。現状では，まだ手探り状態の包括的支援の事例もコラムとして織り込み，現場の市区町村社協のコミュニティソーシャルワーカー（以下，CSW）や，地域包括支援センターの専門職，および行政職員の疑問にも応える内容となっている。

本書の構成は，以下の通りである。まず，第1章の「地域福祉の政策化の潮流」で，地域福祉が政策化されるに至る日本の地域福祉論の歴史的経緯と理論的背景について概観する。次に，第2章では，「地域福祉のガバナンス」に関し，昨今の地域福祉論における最大の潮流ともなっているローカル・ガバナンスと新しい公共の観点から地方分権の流れも含めて論じた。第3章では，「地域福祉政策とその財源」を地方自治の視座からも述べる。第2章は，編者でもある元日本公共政策学会会長が執筆し，第3章は経済学者が論じている点が，単なる地域福祉の研究者だけで編まれていない本書の特徴である。

また，第4章では，今話題の「地域共生社会」の概念について，「地域における住民主体の課題解決力強化・相談支援体制の在り方に関する検討会（地域力強化検討会）」の座長であった日本地域福祉学会会長が詳細な政策動向も含めて概説し，地域共生社会を実現するための新しい地域福祉計画とその課題についても論じている。さらに，第5章では，包括的支援の概念や詳細をわかりやすく述べた上で，実際に全世代・全対象型の包括的支援を行っている三重県名張市などの事例を「地域力強化検討会」の委員が執筆している。また，第6章では，地域福祉の新潮流であるソーシャル・キャピタルの概念を詳しく解説した上で，「ソーシャル・キャピタルを駆使した包括的支援」における介護予防と子育て支援について実証的に述べた。

さらに，第7章では，包括的支援の実施に必要な地域におけるソーシャルワークについて論じるために，米・英の地域援助技術と地域福祉政策に関する章を設けた。コミュニティ・オーガニゼーションやコミュニティソーシャルワークなどのいわゆる地域援助技術の系譜と発展，および今後あるべき動向について詳細に述べている。最後に，第8章では，地域福祉政策を推進するため

の地域福祉実践の方向性について論じた。具体的には，「地域福祉政策と地域福祉実践」について，地域福祉実践の主体，地域福祉実践の領域，地域福祉政策の運営などの観点から述べ，地域福祉政策を推進する地域福祉実践の具体的戦略をまちづくり施策と連携した小地域福祉活動の推進や，官民協働による地域福祉ネットワーク形成なども絡め，兵庫県社協の『「地域共生社会づくり」に向けた対応の方向性―地域福祉政策研究会』を経て発表された「『地域共生社会』の実現に向けた社協活動方針」座長が執筆している。

ところで，従来，社会福祉学の研究領域では，ソーシャルワークと政策は真逆なもので，相容れない異分野であるかのように論じられてきた。しかし，「地域福祉の政策化」の背景や，地域福祉政策の今後あるべき方向性を鑑みた際，この2つは，むしろ融合しつつ進むべきものであると考えられる。その融合の試みを提示するのが，本書のもうひとつの冒険的な目的でもあった。

それでは，まず最初に，日本の地域福祉政策の歴史的経緯を概観することをこの「地域福祉政策論」の嚆矢としたい。

第2節　地域福祉の政策化

日本における「地域福祉」の源流は，1917（大正6）年に岡山県済世顧問制度が設けられ，翌年，大阪府方面委員制度が制定されて，現在の民生児童委員の源流となる制度が設けられたところに遡るといわれている。やがて，戦後の1951（昭和26）年に，現在の社会福祉法の前身である社会福祉事業法によって，地域の福祉を推進する団体として都道府県社会福祉協議会（以下，都道府県社協）が規定された。その後，1970（昭和45）年に岡村重夫が『地域福祉研究』を1974（昭和49）年に『地域福祉論』を著したことにより，「地域福祉論」が生まれる。

また，先に述べた通り，わが国の「地域福祉」は，市区町村社協の活動の進展に伴い，イギリスから導入されたコミュニティワークやコミュニティソーシャルワーク，およびアメリカから導入されたコミュニティ・オーガニゼー

ションなどの，いわゆる地域援助技術を中心に論じられてきた．しかし，社会福祉法に「地域福祉」が明文化された2000年頃より，ようやく「地域福祉政策」の文脈となる施策が講じられ始める．

すなわち，「社会的な援護を要する人々に対する社会福祉のあり方に関する検討会」(2000年)や，「これからの地域福祉のあり方に関する研究会 地域における新たな支え合いを求めて―住民と行政による協働の新しい福祉」(2008年)，および「生活困窮者の生活支援の在り方に関する特別部会 今日の生活困窮者の社会的孤立，尊厳と自立，つながりの再構築，包括的支援」(2013年)を経た「生活困窮者自立支援制度」(2015年)などが，それに当たる．また，同時期の介護保険法改正では，生活支援コーディネーターや「生活支援体制整備事業」が創設されるなど，地域福祉に関する諸事が次々と政策化された．

そして，2016（平成28）年には，「地域における住民主体の課題解決力強化・相談支援体制の在り方に関する検討会（地域力強化検討会）」が設けられ，2017年度より社会福祉法の改正に伴って，「我が事・丸ごと 地域共生社会」の概念に基づいた全世代・全対象型の包括的な支援体制による地域福祉への転換が図られている．

これらの地域福祉の政策化の流れと政府の動きに関しては，第4章にその詳細が述べられているので参照されたい．また，包括的支援に関しては，第5章に詳細が述べられている．

第3節　地域福祉政策の経緯と地域福祉の主流化

これら近年の「地域福祉の政策化」のウェーブが起きるまでにも，地域福祉政策に関する動向はあった．1970年代初頭に，岡村が『地域福祉論』で福祉コミュニティの概念について明らかにして以来，わが国においてもコミュニティに関する議論が活発に行われるようになり，高度成長の産業発展がもたらした都市への人口集中と地縁や家族のつながりの解体などを背景とし，地域の自助によるコミュニティの再構築を図るための政策議論が行われていたのである．

1971（昭和46）年には中央社会福祉審議会から「コミュニティ形成と社会福祉」の答申が出され，国レベルの公的文書に初めて「コミュニティケア」という言葉が登場した。この時期に，ようやく「コミュニティケア」と「在宅福祉サービス」を核にすえた地域福祉の推進が推奨され，「施設福祉」から「在宅福祉」への転換が打ち出される。やがて，1979（昭和54）年には，全国社会福祉協議会（以下，全社協）が，『在宅福祉サービスの戦略』を刊行し，「在宅福祉サービス」の推進を政策的に推奨することを提言した。これを契機に，市区町村社協を中心に，「在宅福祉サービス」が推し進められたのである。

また，1973（昭和48）年の石油ショックによる経済の不調は，それまでの公的責任を支柱とした福祉国家政策を継続するのではなく，相互支援・相互扶助の伝統を重んじる「福祉見直し論」を喚起し，1970年代後半には住民の自助努力と相互扶助を強調する「日本型福祉社会」が提唱された。こうして，日本の社会福祉は，公的責任による行政主導の中央集権的な社会福祉から，地域を基盤とする地域福祉，ことに在宅福祉を中心にすえた社会福祉へと変化し，地方分権が推進されていく。

1990（平成2）年には，福祉関係8法の改正も行われ，「在宅福祉サービス」がようやく法定化され，施設福祉や在宅福祉に関する権限が市町村に移り一元化される。高齢者福祉と障がい者福祉の実施主体も市町村に移譲されて，市町村による「老人福祉計画」策定が義務化された。そして，1995（平成7）年の「地方分権推進法」の制定によって，本格的な分権改革が始まったのである。

やがて，1990年代後半の「社会福祉基礎構造改革」を経て，1951（昭和26）年に制定された社会福祉事業法が2000（平成12）年には「社会福祉法」に改められ，第1条に地域福祉の推進が明文化されるに至った。社会福祉法には，地域福祉を推進するために，市町村は「地域福祉計画」を都道府県は「地域福祉支援計画」を住民参加のもとに策定すべきことも定められている（実施は2003年より）。

同法には，利用者本位の社会福祉制度の実現を基本理念とすることも明記されている。こうして，行政処分によりサービスを決定する「措置制度」から，

利用者が事業者と対等な関係に基づきサービスを選択する「契約方式」への転換が図られた。この「措置から契約へ」を具現化したのが，2000年に施行された介護保険法である。介護保険法は，初めて市町村が実施主体となった法であり，地方分権の推進にも一役かった。

さらに，2000年には「地方分権一括法」も施行され，「地方自治法」が改正されている。2004（平成16）年には，国庫補助負担金の削減と地方交付税の見直し，および国から地方への財源の移譲に関する事柄について，国と地方の財政改革のあり方を三位一体として取り組む三位一体改革が行われた。その目的は，国が地方に対して権限の移譲を行うことにより，地方分権を推進することにある。

だが，財源が国税から地方税へと移譲されたことは，皮肉なことに地方財政を圧迫した。この財源の移譲による地方財政の悪化と，介護保険制度で提供できるサービスの地域格差や財源不足が，平成の大合併を促進する要因となったのである。

こうして，地方分権が推進されたことにより，地方自治の確立のために，地域福祉の基本理念のひとつである「住民参加」が不可欠となった。また，地方分権化の動きに伴い，官民協働によるローカル・ガバナンスの動きが起きたことは，第2章に詳しい。

こうした地方分権の流れと，「社会福祉法」に地域福祉の推進が明文化されたことが，「地域福祉の主流化」に与えた影響は大きかった[1]。

武川は，この「地域福祉の主流化」について，以下のように述べている。「老人福祉，児童福祉，障害者福祉のような縦割り行政ではなくて，領域横断的な地域福祉の考え方が社会福祉の世界で重視されるようになってくる状況のことを，私は『地域福祉の主流化』と呼んでいる。この『地域福祉の主流化』は，この半世紀の間に生じた日本の地域社会の変化の結果である」。また，武川は，「これまで社会福祉の法制度のなかには存在していなかった地域福祉という考え方が，法律（社会福祉法）のなかに初めて明記され，その推進が繰り返し語られていることの意義は大きい。その意味で，2000年は日本の社会福祉

制度の歴史の転換点であり（介護保険制度の施行も2000年である），日本の社会福祉は，このとき地域福祉の段階に入ったということになる」と地域福祉が主流化した経緯についても論じている。武川は，社会福祉法に定められた「地域福祉計画の策定と実行は，社会福祉分野におけるローカル・ガバナンスそのものだともいうことができる」ともいう[2]。

　1970年代の「コミュニティケア」と「在宅福祉サービス」の推進を経て，1990年代に「措置から契約へ」と「利用者本位と自己決定」の理念に基づく社会福祉基礎構造改革が起こり，2000年にその改革を実現する介護保険法の制定および地域福祉を明文化した社会福祉法が制定されるというコペルニクス的転回に至って，地域福祉計画が策定されるようになり，地方分権の流れのなかでローカル・ガバナンスが必要とされるようになった一連の「地域福祉の主流化」の流れが，やがて，地域共生社会と包括的支援の概念につながっていくのである。

第4節　地域共生社会と包括的支援体制

　従来，社会福祉学は，高齢者福祉，児童福祉，障がい者福祉，社会保障，などのように各論で語られることが常であった。その各論の分野の全てにおいて，いわゆる相談援助技術であるソーシャルワークが必要であるはずだ。だが，ソーシャルワークと政策は真逆の分野であるかのようにとらえられてきた。地域福祉という範疇もまた，社会福祉学の各論のひとつとして認識されている。

　しかし，地域福祉の現場では，児童の問題や高齢者の問題，障がい者の問題，生活困窮者の問題など，全ての各論に通ずる課題が複層的に起こっている。武川が述べているように，地域福祉とは，高齢者福祉，児童福祉，障がい者福祉，生活保護などの各論を通す串カツの竹串のような存在でなければならない。それは，横断的な横軸であると同時に，それら各論の共通の土台でもある。

　しかし，今までの日本の社会福祉制度は，各論ごとに講じられてきた。戦後すぐに施行された社会福祉六法のひとつである児童福祉法は児童のみを対象と

しており，身体障害者福祉法は障がい者のみを対象としている。介護保険制度の給付を受けられるのも要介護状態の高齢者と介護予防が必要な高齢者のみである。この各論ごとの福祉制度だけでは，先述した全ての分野に通ずる対応はできない。

それらの課題を踏まえて誕生した施策が，地域共生社会における全世代・全対象型の包括的支援の考え方である。2016（平成28）年に公表された「ニッポン一億総活躍プラン」では，「地域のあらゆる住民が役割を持ち，支え合いながら，自分らしく活躍できる地域共生社会」の実現に向けた仕組みを構築するとし，その具体策の検討を加速化するために同年7月，厚生労働省は「我が事・丸ごと」地域共生社会実現本部を設置した。なお，地域共生社会に関する政策動向は，第4章に詳しく述べている。

これらの流れを受け，2017（平成29）年5月には「地域包括ケアシステムの強化のための介護保険法等の一部を改正する法律」が可決成立し，社会福祉法も改正され，高齢者に限らず子どもや障がい者も含めた全世代・全対象型の包括的支援体制づくりなどが市町村の努力義務となった。包括的支援に関する政策に関しては，第5章に詳しい。第5章の執筆者である永田によれば，この包括的支援体制の現状での政策の2本の柱は，介護保険制度の「地域支援事業」と，「生活困窮者自立支援制度」であるという。

そもそも，介護保険制度における「地域支援事業」は，2006（平成18）年に最初の改正介護保険法が施行された際にスタートしている。はじめは要介護1～5までの要介護者のみが対象だった介護保険制度の給付の対象が，要支援1と要支援2の介護予防が必要な要支援者にも広げられた際，健康な高齢者に対する介護予防を行う事業として設けられたのが「地域支援事業」であった。この「地域支援事業」を財源として，高齢者への支援だけでなく子育て支援も包括的に行っている三重県名張市の「まちの保健室」の事例を「コラム2」に記している。

また，「生活困窮者自立支援制度」は，2015（平成27）年に始まった制度で，全国の福祉事務所設置自治体が実施主体となり，官民協働による地域の支援体

制を構築し，自立相談支援事業，住居確保給付金の支給，就労準備支援事業，就労訓練事業，生活困窮者世帯の子どもの学習支援，一時生活支援事業，家計相談支援事業など，生活困窮者の自立促進に関し，包括的な事業を実施するものである[3]。昨今，問題になっているひきこもりの50代の子どもが80代の親を介護する8050問題や，子育てと介護を同時に行うダブルケア，連鎖する子どもの貧困など，複層的な福祉的課題による生活困窮に対応するための制度である。この「生活困窮者自立支援制度」を根拠とした包括的支援の事例として，雲南市社協のCSWが「コラム1」を書いている。

「コラム1」の事例のように，生活に困窮し相談に訪れたクライエントの家庭を訪問してみると，そこにはひきこもりの無職の壮年男性がいて，要介護状態の高齢者もおり，その高齢者の介護を子育て真最中の若い母親が行っているなどという事例に接するCSWは少なくない。このような事案に対応するために生まれたのが，包括的支援の概念なのである。

そして，この包括的支援は，行政，社協のCSWや地域包括支援センターの社会福祉士・保健師などの専門職と，NPO法人，その他民間の団体や地縁組織などが協働して行っていかなければならない。いわゆるローカル・ガバナンスが必要とされる所以である。また，地縁組織はソーシャル・キャピタルの下位概念である結合型ソーシャル・キャピタルに，NPOやNPO法人は橋渡し型ソーシャル・キャピタルに該当する。それゆえ，本書では，地域福祉政策を支える二大理論として，ローカル・ガバナンスと，ソーシャル・キャピタルをとりあげた。ローカル・ガバナンスに関しては第2章に，ソーシャル・キャピタルに関しては第6章に，その詳細が述べてある。

これら昨今の地域福祉政策は，極めて今日的な生活の諸課題に対応するためには包括的な支援が必要だと感じた現場のCSWの意見から生まれ，なおかつ日本の将来をよりよいものにしていくためのマクロな政策立案の現場からも生まれている。地域福祉は一般にメゾ領域であるとされているし，CSWが駆使する地域援助技術などのソーシャルワークはミクロ領域であり，政策立案はマクロな領域である。それゆえ社会福祉学においては，ソーシャルワーク研究と

政策研究は相容れない真逆なものとしてとらえられてきたことは既に述べた。だが，その双方が地域福祉政策論には必要であることを立証すべく，第8章を設けた。

　第8章には，「地域福祉実践の4つの領域」として，このミクロとマクロをつなぐのがメゾ領域の地域福祉であることなどが記されている。さらに，兵庫県社協がマクロな領域である地域福祉政策に関し論議を重ねる地域福祉政策委員会を立ち上げ，「『地域共生社会』の実現に向けた社協活動方針」（2019）を立案した過程とその内容にもふれている。

　マクロとミクロをつなぐ地域福祉政策論は，緒についたばかりだ。マクロな政策の論考とミクロな地域援助の双方を本書は余すところなく語っている。

注）
1) 成清美治・川島典子編著（2013）『地域福祉の理論と方法』学文社：19-20，27-29
2) 武川正吾（2006）『地域福祉の主流化 福祉国家と市民社会Ⅲ』法律文化社：2，7
3) 厚生労働省ホームページ，生活困窮者自立支援制度，www.mhlw.go.jp/stf/seisakunituite（2019年7月26日閲覧）

📖 参考文献
川島典子（2019）『ソーシャル・キャピタルに着目した包括的支援—結合型SCの「町内会自治会」と橋渡し型SCの「NPO」による介護予防と子育て支援』同志社大学大学院総合政策科学研究科博士学位論文
厚生労働統計協会（2017）『厚生の指標　増刊　国民の福祉と介護の動向』vol. 64 No. 10，厚生労働統計協会
日本地域福祉学会　地域福祉と包括的相談・支援システム研究プロジェクト『日本地域福祉学会2018年度公開研究フォーラム「地域共生社会の構築に向けた全世代型地域包括ケアと包括的支援体制のあり方を探る」』日本地域福祉学会
新川達郎（2003）「日本における分権改革の成果と限界」山口二郎ほか編『グローバル化時代の地方ガバナンス』岩波書店
原田正樹「『我が事・丸ごと』の地域共生社会づくりに私たちができること」『全ての人が幸せに暮らせる地域づくりのために』講演会資料，伊賀市社協など主催
兵庫県社会福祉協議会（2018）『「地域共生社会づくり」に向けた対応の方向性—平成29年度地域福祉政策研究会中間まとめ』兵庫県社会福祉協議会

渡辺武男・野上文夫・松永俊文（2002）『新版　現代コミュニティワーク論　21世紀地域福祉をともに創る』中央法規

【コラム1】　生活困窮者自立支援制度による包括的支援（雲南市の事例）

生活困窮者自立支援制度による包括的支援—総合相談の事例—

島根県雲南市社会福祉協議会　土屋博紀

　島根県雲南市社会福祉協議会において，生活困窮者自立支援制度による総合相談窓口を開設して約4年が経過した。その間，全世代を対象として包括的に支援する総合相談の役割とは何かを常に考え続けてきた。この4年間貫いてきた姿勢は「とにかくありのままの話を聞き，受けとめること」であった。

　運送業に従事する40代女性Aさんは，16歳の長男，小学生の長女，60代の母と暮らす4人世帯である。長男の受診で医療費がかさみ，生活費が不足した。だが，どこからも融資を受けることができず，生活に行き詰まり，社協の総合相談窓口を紹介され相談にやって来た。

　初回相談での主訴は「給料が出るまでの生活費の工面」であった。しかし，現状に至るまでの経緯を聞くと，複合的な課題がみえてきた。

　最近，離婚したが，各種の手続きができていなかったため，無保険で受診を重ねていたという。養育費は，受け取っていない。多重債務で，住宅ローンは，半年間滞納している。市役所への各種税金や，国保料も滞納。長男は発達障害と診断されており，ひきこもり状態で，家庭内暴力もある。長男の暴力への対応で仕事を度々休むために，また収入が減った。職場に給料の前借をしているので，転職もできない。長女も発達障害が疑われ，最近受診を始めた。母も多重債務を抱えている。

　生活費の貸付だけでは，これらの課題は解消できない。課題をひとつずつ解消できればよいが，また次々と新たな課題が発生して，どこから手をつけたらよいかわからなくなる。

　Aさんは，生活困窮者自立支援制度の相談申込みをされ，継続的に相談を受けることになった。まず，現状での課題分析をした上で，すぐに取り組まなければならないことを明確にした。

　そこからどのように支援に入るかを考えたが，どの課題からどう取り組むのかはAさんの意向をもとに決めた。そして，最初の目標を「こどもたちが安心して生活できる環境を整えること」にした。複合的な課題を見える化した後，この目標設定が最初にできたからこそ，Aさんが主体的に課題に取り組むことができたのではないかと思う。

　この目標設定に合わせ，解決すべき課題の優先順位を決めて，支援計画を作成

した。さらに，関係する機関に集まってもらって支援調整会議を開き，現状の課題と目標の共有を行い，今後の動きを関係者間で確認した。そして，支援計画に基づき，目の前の課題をひとつひとつ解消していった。

　当然，順調に事が進むわけではなく，予定外の事態が発生すれば，その都度相談を重ね，本人ができることを一緒に考えた。本人が希望すれば，市役所の各種窓口や弁護士相談などへの同行，債務や滞納の解消に向けた家計改善計画の作成，課題ごとに介入する支援者との情報共有などをしながら，モニタリングと支援計画の再プランニングをくり返した。

　このケースが改善に向かった要因は，Ａさん自身が「困った時には相談をする」という体験の積み重ねにより，少しずつ課題が解消していくことを実感できたことにあると考えている。課題の要因分析をして，本人の意向を基に目標設定をしても，当初の予定通り，複層的な課題が解決することは少ない。しかしながら，どこかに相談をする習慣をつくってあげれば，あるいはどこかの機関が関わり続けていれば，不測の事態にその都度対応ができる。

　よりきめ細かい支援を考えるのであれば，関係する機関は１ヵ所ではなく複数がよく，また関係機関同士の連携が取れていれば，なお支援を行いやすい。生活困窮者自立支援制度の支援計画に基づいて関係機関で情報共有ができて，Ａさんの意向をもとに，それぞれの支援の方向性が明確にできたことが，有機的な連携に繋がったと思われる。Ａさん世帯とは相談が途切れることも度々あったが，事前に関係機関同士の連携が図れていたことにより，相談が途切れた場合は，お互いに相談に行くようにＡさんに促したりもしていた。結果的に，生活費および借金や住居に関する課題は少しずつ改善に向かい，解決のめどがたってきた。そのころからＡさん自身にも心の余裕が生まれ，そのほかの課題も徐々に解消に向かっていったのである。

　このように，生活困窮者自立支援制度における総合相談の役割は，当事者世帯の複合的な課題を「見える化」して，課題を解決する主体である当事者世帯が課題に安心して向き合えるように伴走することであると考える。そのためには，当事者世帯が失敗しないように先回りをするのではなく，一歩後ろで「失敗しても次がある」と一緒に考え，取り組む姿勢が必要である。失敗しても大丈夫，何度でもやり直せると言えるくらいしっかりと相談を受けとめることが，当事者世帯を支えることにつながると思う。また，Ａさんが相談を続けてくれたことが，縦割りに陥りやすい関係機関相互の信頼関係の構築につながり，連携がしっかりととれるようになった要因なのかもしれないとも思う。

　この事例は，複合的な課題をかかえた家族に対する生活困窮者自立支援制度による全世代・全対象型の包括的支援の事例のひとつであると考えている。

【コラム2】 介護保険の地域支援事業を財源とする包括的支援
（名張市の事例）

名張市の包括的な支援体制とまちの保健室

名張市　藤本勇樹

まちの保健室とは？

「まちの保健室」は，おおむね小学校区を単位として行政が2005（平成17）年度より開設している地域の身近な総合相談窓口である。

とはいえ，「まちの保健室」は，単なる相談窓口ではない。名張市における地域づくりの取り組みのひとつであり，市の条例により設置されている包括的な住民自治組織「地域づくり組織」と連携し，福祉医療の分野から強力にバックアップする地域支援の核でもある。そのため，地域と連携しやすいよう地域づくり組織の事務所に併設して設置している。

「まちの保健室」設置当時の名張市は，財政難からの立直しを図るため，様々な行財政改革を行い，市職員の大幅削減が実行されていた。そのような状況のなかでも，コミュニティ施策を後退させないよう2006（平成18）年度より新たに制度として創設される地域包括支援センターの運営費（介護保険の地域支援事業による財源）を主に活用し，同センターのブランチとして福祉医療の専門職を各地域に配置した（社会福祉士，看護師，介護福祉士など地区ごとに2～3名ずつ全35名）。財政危機に直面しながらも，コミュニティ施策と地域包括ケア施策を連動させるデザインを第一次地域福祉計画上で行政が地域住民と共に描いたのである。

まちの保健室の活動

具体的なまちの保健室の活動は，以下のとおりである。

- 健康・福祉の総合相談
  来所，訪問，電話など
- 健康づくり・介護予防の取り組み
  健康相談，健康づくり，介護予防の啓発など
- 見守り・支援ネットワークづくり
  サロンの立上げ，運営支援など

また，総合相談機関としての特徴は，①安心して相談できる地域の情報拠点であること。②連携の核としてパイプ役の機能を果たすこと。③制度につながるまでの中心的なかかわりと，つながった後の見守り支援で長期的にかかわれる

こと。④ 地域と一緒に支援する。または地域そのものへの支援ができること。⑤ 専門職らしくないこと（相談の敷居が低く，相談しやすいが専門性は失わない絶妙な距離感で支援できる）などがあげられる。地域住民の相談を一番身近で拾うことが多い地域の民生児童委員との関係性も深く，駆け込み寺のような関係ができつつあり，民生児童委員の活発な活動推進にも一役かっている。

　そして，2014（平成26）年度から新事業として開始された名張版ネウボラ（妊娠・出産・育児の切れ目のない相談・支援の場・システム）を構築する要の取り組みとして，妊娠段階から出産・育児まで継続的に相談支援を行う人材に，地域に常駐している「まちの保健室」の職員を位置づけた。チャイルドパートナーと命名し，産前産後の不安を抱きやすい時期に母子が気軽にいつでも相談できる体制をとっている。また，地域主催の子育て広場では，人と地域をつなぐ，さまざまなイベントを実施している。誤飲の啓発，世代間交流，乳幼児の防災，小児科Drの講演会など，毎回のイベント行事をまちの保健室が企画することで，継続的な子育てサロンへの参加に繋げることも目的としている。

　さらに，地域づくり組織が主催するイベントや事業は，福祉的なものだけでなく，お花見，夏祭り，敬老会，子ども会，もちつき大会，収穫祭などがあり，敬老会と子ども会は，企画段階からまちの保健室も参加している。市民からは「気軽に相談に行きやすい」「市役所は子供と一緒にいくと気をつかうからありがたい」「親の介護の事も，育児の事も一ヶ所で同じ人に話を聞いてもらえる」「さりげなく肯定してくれる。ほめてくれることがうれしく泣いてしまった」など様々な声をいただいている。

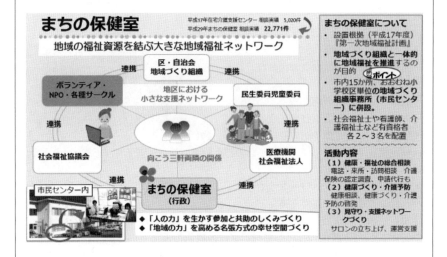

このように,「まちの保健室」が地域に根付いた活動を行っていることで,民生児童委員や,地域住民と連携し,支援が必要な住民の支援ネットワークづくりを進めることができており,地域が課題を把握すること,「まちの保健室」がある安心感などが,身近な地域においての支え合いの活動を促進するに至っている。

しっかりとした地域づくり組織という土台の上に,生活支援ボランティアや,配食サービスなど(当市における総合事業),地域の活発な自主活動が盛んに生まれてきている。

これらの地域に存在する「人の力」,「地域の力」を高めようとする活動は,「まちの保健室」設置後10数年が経過し,着実に成果を出してきている。ただ単に総合相談窓口を設置して座っているだけでは,もちろん地域の力は育たない。地域の一員として,地域の行事に参加し,地域の相談を聞き,人と人をつないでいくさまざまな働きかけを行ってはじめて,地域の力は育つのだと実感している。

第 2 章 　地域福祉のガバナンス

第 1 節　地域福祉におけるガバナンスの視点

　21世紀の日本における社会福祉の転換が進んできているが，それは端的にいえば福祉ガバナンスの改革による地域福祉の実現ということができよう。ここでは，社会福祉のガバナンスがどのように変化しているのか，その新たな構造と機能の条件を明らかにしたい。ガバナンス概念自体については諸説があるが，ここでは，企業統治に代表される内部統治（組織ガバナンス）の側面と，多元的な主体による協働型事業を通じて目的実現を目指す共同統治としてのガバナンス（共治ガバナンス）の側面について，さらには中央政府と地方政府の関係あるいは全国と地域との関係というマルチ・レベル・ガバナンスの観点を含めて考えたい（新川 2013a）。

　社会福祉基礎構造改革は，日本社会の変化に対応して従来型の社会福祉政策の修正ではなく抜本的な改革を目指すものとされる。2000年の社会福祉法への改正の具体的な改革の方向として掲げられたのは，「(1)個人の自立を基本とし，その選択を尊重した制度の確立，(2)質の高い福祉サービスの拡充，(3)地域での生活を総合的に支援するための地域福祉の充実」であった（厚生省 1999）。救貧あるいは補足性原理や無差別平等の理念は維持しつつも，個人の選択の尊重，対応した高品質のサービス供給，それらを実現する多様な主体の活躍とそれらの協働による地域福祉を，社会福祉の目的に追加することとなったのである。

　この地域福祉体制は，基本的には政府あるいは公共部門が一律に基準を設定して福祉の措置を提供する仕組みの限界を乗り越えて，福祉の基準が流動化してきた時代にあって地域に所在する諸力とその連携協力によって問題解決を図ろうとするのである。まさにガバメント（政府行政の統治）ではなくガバナン

ス（多主体による共治）が期待されているのである。このガバナンスは地域住民や福祉事業者そして行政の相互間で働く公民の枠組みを越えた活動となるとともに，近隣社会と市町村あるいは都道府県また国全体という枠組み間をも越えた連携協力関係を含むマルチ・レベル・ガバナンスである。その一方では，地域福祉の諸活動は，その提供主体であれサービス内容であれ，きわめて多様性があることから，それらが目的どおりに実現されることを保障するガバナンス（内部統制ガバナンス）が，求められることになる。

本章においては，まず，福祉関連法制の大改革となった社会福祉基礎構造改革による地域福祉政策が，社会福祉のガバナンス改革として持っている特徴を明らかにする。次にそのガバナンス改革を導いた考え方としての「新しい公共」が意味するところ，そして「新しい公共」が期待している協働の実践の諸相を明らかにする。そして地域福祉の新しいガバナンスを機能させる条件に焦点を当て検討してみたい。

第2節　社会福祉政策の転換とガバナンスの視点

第1章で総括されたように地域福祉政策の「主流化」については，関連する政策や制度の整備，関係法令改正によって跡付けることができる。そこで重視されている地域福祉とその政策は，どのような目的と方法をもって，いかなる運営枠組みによって実現されようとしているのであろうか。この運営枠組みの根幹において働いているのがローカル・ガバナンスである。一連の社会福祉基礎構造改革は従来型の福祉やその政策のガバナンスを変えようとするところに特徴があると読み取ることができる。以下の本節では，地域福祉重視の改革において骨格となる法改正の中に見られるガバナンスとその変革の諸相を明らかにしてみたい。

(1) 地域福祉重視への改革

法律上の重要な福祉領域を示す用語として地域福祉が登場するのは，社会福

祉事業法等の大改正による社会福祉基礎構造改革とされる社会福祉法への2000年改革においてである。しかしながらこうした地域福祉重視の考え方は，従来からも社会福祉の現場では重視されてきたし，名称は使われていないにしてもその考え方は戦後の社会福祉の主要な潮流の中にあった。地域福祉という用語それ自体は，1970年あたりから研究や実践において使われ始めていた（岡村 1988）。1970年代には高齢者福祉については在宅福祉に主軸を置く考え方が大きく取り上げられ，80年代には民間部門の活躍にも期待して高齢者福祉を充実させなければならないことから，福祉政策の方向として在宅福祉サービスと市町村の役割を重視した政策展開の必要性が強調されるようになった。そうした動向を受けて事実上地域福祉への大きな転換を図った最初の大改正が1990年の福祉関係8法の改正である（社会福祉士養成講座編集委員会 2015）。この改正が後の地域福祉と介護保険への転換の法律上の転回点ということができるかもしれない。

　ともあれ，地域福祉は，前述の2000年改革によって社会福祉の主要な領域として初めて法律上の認知を得ることになる。社会福祉基礎構造改革の趣旨においては，「昭和26年の社会福祉事業法制定以来大きな改正の行われていない社会福祉事業，社会福祉法人，措置制度など社会福祉の共通基盤制度について，今後増大・多様化が見込まれる国民の福祉需要に対応するため，見直しを行うものである」とされている（厚生省 1999）。

　この社会福祉基礎構造改革においては，前述のように個人の選択の尊重，福祉サービスの高品質化，そして地域福祉によって特徴づけられる関係法令の大改正が行われた。この改正によって従来の社会福祉事業法は社会福祉法とされ，その目的条項においては，「第一条　この法律は，（中略）地域における社会福祉（以下「地域福祉」という。）の推進を図るとともに，（中略）もつて社会福祉の増進に資することを目的とする。」と定められた。これまでにはなかった「地域福祉」が重要な福祉領域として示されることになった（社会福祉法の関係条項については巻末の参考資料を参照，以下同様）。

　ここでいう地域福祉については，「住民が身近な地域社会で自立した生活が

営めるように，地域に存在する公私の多様な主体が協働して，必要な保健・医療・福祉サービスの整備及び総合化を図りつつ，住民の社会福祉活動の組織化を通じて，個性ある地域社会の形成を目指す福祉活動の総体を指すものと考えられる。ここで，『地域』とは，住民の多様な福祉需要に対して，多様な主体から提供されるさまざまなサービスを有機的かつ総合的に提供するために最も効率的であって，かつ，住民自身が日常的に安心感を覚える一定の圏域であると定義できよう。」（社会福祉法令研究会編 2001）とされている。いわば「福祉の地域化」であり，かつまた「地域の福祉化」が基本的な政策方針となったのである。住民に身近な地域社会に必要とされる福祉サービスを，地域の多様な担い手によって供給する体制を構築すること，つまりは地域福祉の新しいガバナンスが求められることになる。

(2) 地域住民等の位置づけ

　地域福祉を担うのは，地域住民，社会福祉事業経営者，社会福祉活動者とされており，従来の社会福祉事業者のみならず，公民を問わずすべての人々や団体がかかわることを前提とすることになった。また地域福祉の促進における国，都道府県，市町村の責務も定められ，都道府県と市町村には地域福祉計画の策定が努力義務とされた。

　具体的には，地域福祉の担い手という観点から，社会福祉法第4条第1項では，「地域住民，社会福祉を目的とする事業を経営する者及び社会福祉に関する活動を行う者（以下「地域住民等」という。）は，相互に協力し，（中略）地域福祉の推進に努めなければならない。」とされた。地域住民等とされているように，そこには地域社会にあって，住民たるものはすべて地域福祉の担い手となることが求められているのである。この場合の住民には，自然人としての住民のみならず事業者や各種団体等の法人を含むのである。

　地域住民は，地域福祉の推進に当たっては，同じく第4条第1項において，「相互に協力し，福祉サービスを必要とする地域住民が地域社会を構成する一員として日常生活を営み，社会，経済，文化その他あらゆる分野の活動に参加

する機会が確保されるように」努力する義務が課せられている。つまりは個人やその暮らしの違いを前提としつつ，なお社会の中で共に生活していくことができ，社会・経済・文化活動への参加が保障されること，つまりは社会的包摂による共生社会の実現を求めているのである。加えて，同条第2項は，地域住民等が，「福祉サービスを必要とする地域住民が日常生活を営み，あらゆる分野の活動に参加する機会が確保される上での各般の課題（以下「地域生活課題」という。）を把握し，地域生活課題の解決に資する支援を行う関係機関（以下「支援関係機関」という。）との連携等によりその解決を図るよう特に留意するものとする。」と定められ，地域住民等による地域福祉推進の努力，中でも地域生活課題の把握と連携による問題解決に特段の注意を求めている。そしてそれらの活動を進めるうえでは行政機関との連携が求められているのであり，地域住民等の民間同士の連携のみならず，公民連携が必要条件となっているのである。

　一方，政府行政については，第6条において，「福祉サービスの提供体制の確保等に関する国及び地方公共団体の責務」として，社会福祉事業者と協力して事業の広範かつ計画的な実施が図られるよう，サービス提供体制の確保施策，サービスの適切利用の推進施策等の措置が義務付けられている。国も地方自治体もサービス提供とその利用の確保を推進しなければならなくなったのである。また同条第2項においては，地域住民等による地域生活課題の把握や支援関係機関との連携による解決促進施策等の措置が定められている。住民等による地域福祉の促進に国や地方自治体も必要な措置を講ずる努力義務が課せられたのである。

　このように地域福祉サービスは，住民自身，福祉事業者，国や地方自治体を含めた支援関係機関の相互協力や連携による相互補完の下に機能することが想定されている。そのためには，計画的な実施が想定されているが，その計画を有効なものとするためのガバナンス体制が求められていることはいうまでもない。このガバナンスにおいては，地域住民，各種住民団体，福祉関係団体，事業者（企業等），国・都道府県・市町村などの各種の行政機関が，地域福祉に

含まれる様々な目的を達成するために，相互に連携して協力体制を作動させることになっており，これらの協働を組み立てているガバナンスこそが地域福祉を支える基盤と考えられるのである。

(3) 地域福祉計画による地域福祉推進

　法律に加えられた「地域福祉」は，新たな社会福祉政策の重要な推進手段として，社会福祉法「第10章　地域福祉の推進」を設けるとともに，具体的な推進手段としての計画行政の仕組みを法定している。2003年の社会福祉法改正によって市町村については地域福祉計画を策定すること，都道府県については地域福祉支援計画を策定することとしている。地域福祉推進について，計画的・体系的に取り組むことが求められているが，とりわけその責務としては市町村が現場での活動を具体化するための計画を策定することそしてその実践をしていくことを求めており，その市町村を都道府県が支援するという図式となっている。なお，地域福祉計画に関する詳細な論及は本書第4章を参照されたい。

　社会福祉法第10章第2節の「地域福祉計画」においては，地域福祉の担い手としての市町村と都道府県による推進方策について計画的な促進が求められている。まず，市町村地域福祉計画については，地域福祉の推進事項を一体的に定める市町村地域福祉計画策定の努力義務付けを行っている。

　また市町村は，市町村地域福祉計画を策定，または変更する際には，あらかじめ，地域住民等の意見を反映させること，そして内容を公表することが努力義務とされている。加えて，定期的に策定済みの市町村地域福祉計画について，調査，分析及び評価を行い，必要な変更を加えるよう求められている。計画策定それ自体が多様な地域の主体の参加のもとで検討されるべきこと，つまりはローカル・ガバナンスによって計画されていくべきこと，そしてその計画がいったん出来上がったのちにはその成果を検証して評価し改正等の必要な措置をとっていくという内部ガバナンスが機能することが求められているのである。

　次に，都道府県地域福祉支援計画に関しては，社会福祉法第108条において，複数の市町村を含む広域的な地方自治体であることから，市町村の地域福祉の

支援に関する事項を一体的に定める「都道府県地域福祉支援計画」を策定することが努力義務とされている。市町村支援のための計画として，共通して取り組むべき市町村地域福祉の支援の基本的方針，当該事業従事者の確保と資質向上，福祉サービスの適切利用と関係事業の健全な発達のための基盤整備，地域包括支援事業実施への支援が定められており，市町村をバックアップする都道府県の役割が計画的に進められるよう求めているのである。市町村と同様に，都道府県においても支援計画策定や変更にあたっては，公聴会の開催等住民その他の意見の反映，そして計画内容の公表が努力義務とされている。また，市町村と同様に策定済みの計画について，調査，分析及び評価を行い，必要な変更を加えることとされている。ここでもマルチ・レベル・ガバナンスとローカル・ガバナンスが働く計画策定方法と，策定後の計画の実施に関する内部ガバナンスが制度上も定められている。

　地域福祉を第一線で担う市町村は，市町村地域福祉計画を策定して現場での実践に当たること，都道府県はその後方支援を中心とした支援計画に基づいて活動することとなる。国はこれら市町村や都道府県の事業について財源措置をはじめとした必要な措置を行うことになる。こうした相互補完的な関係は市町村，都道府県，国の間のマルチ・レベル・ガバナンス状況を示すことになる。その関係性においては，基本的な目的の一致を前提としつつ，相互に自律的でありながら，それぞれの不足を補う相互補完性に特徴がある。

(4) **包括的な支援体制に向けて**

　2000年の社会福祉法への大改正の後にも，前述のとおり改正が行われてきている。地域福祉についてはきわめて重要ないくつかの改正が成立しているが，2017年の改正は介護保険法の改正を含めて地域包括支援の体制整備を求めるものとなった。法第10章第1節は「包括的な支援体制の整備」と表記され，そのなかに第106条の2と第106条の3が整備された。この改正によって「地域福祉計画」は第10章第2節となっている。なお，包括的な支援体制に関しては，本書第5章で詳しく論じられているので参照されたい。

第106条の2においては，地域子育て支援拠点事業，母子健康包括支援センター事業，障害者生活総合支援事業，子ども・子育て支援事業等を経営する者の責務が定められている。これら事業者は，当該事業者では解決困難な地域生活課題に気付いた場合には，その心身の状況や置かれている環境その他の事情を踏まえて，支援関係機関による支援の必要性を検討し，必要な支援を求める努力義務がある。

さらに第106条の3は，「包括的な支援体制の整備」として，市町村の役割を定めている。市町村は，地域住民等の地域福祉活動促進の環境整備を進め，住民からの相談に答え助言を与えることとされている。市町村は，地域住民等及び支援関係機関の相互協力による地域生活課題への包括的支援の提供に努めるものとされた。具体的な支援としては，地域福祉活動への住民参加の促進活動者支援や地域住民等の交流拠点整備とその研修の実施，地域住民自身による地域生活課題への相談や情報の提供及び助言を行い支援関係機関に協力を求める体制整備，生活困窮者自立相談支援事業の支援関係機関の課題解決に資する支援体制の整備となっている。

市町村は地域包括支援の体制の整備を推進することになるが，地域福祉の担い手は地域住民等地域の福祉にかかわる諸主体であり，それらが包括的支援サービスを担うことになる。市町村は地域住民等による支援の体制を整備すること，つまりは活動の環境や条件を整えることになる。そこには施設や情報の提供，助言機能や教育訓練の提供などが含まれる。これらは，地域住民等の連携によるガバナンス体制だけではなく，市町村と地域住民との連携による協働を前提とする新たなガバナンスを身近な地域に構築することを目指していることになる。

(5) 社会福祉協議会の役割

地域福祉の担い手としては社会福祉協議会への期待が大きい。社会福祉法においては，社会福祉協議会は地域福祉を推進することを目的とする団体として法定されている。社会福祉法第10章「第3節　社会福祉協議会」において，以

下のように定められている。まず,「市町村社会福祉協議会及び地区社会福祉協議会」については，第109条において，市町村の区域内において，地域福祉推進を目的とする団体とされ，その区域内の社会福祉事業経営者及び社会福祉活動者が参加しているものとされる。その活動としては，社会福祉事業の企画と実施，住民参加の援助，社会福祉事業の調査・普及・宣伝・連絡・調整及び助成などとなっている。なお指定都市の行政区には，地区社会福祉協議会が設置されることとなっている。

次に「都道府県社会福祉協議会」についても同様に地域福祉を目的とする団体であって，市区町村社会福祉協議会の過半数が参加した団体とされる。社会福祉法第110条によれば，都道府県社会福祉協議会の役割は，都道府県の区域内において，社会福祉事業のうち広域的な見地から行うことが適切な事業を行うとともに，その従事者の養成・研修，事業経営に関する指導・助言，市町村社会福祉協議会相互の連絡・事業調整とされている。

社会福祉法人制度に関しては，2016年の社会福祉法等の一部改正及び関連する政令の閣議決定によって，そのガバナンス体制の強化が図られることになった。その活動の重要性や期待の大きさもあって，運営体制の強化，つまりは経営の健全化や自主的自立的な活動の発展が期待されることになる。法改正としては，議決機関としての評議員会の必置機関化（社会福祉法第36条，第45条の8），監査体制の強化のための監査法人による監査の導入（法第37条），経営の透明性確保のための定款や財務諸表等の公開の義務付け（法第59条の2），再投下可能な財産についての計画策定（法第55条の2）などが定められた。社会福祉協議会を含めて社会福祉法人の経営力の強化，財務の健全性，公開性や透明性の確保が図られることになる。

市区町村社会福祉協議会は，地域福祉ガバナンス体制において，その最前線における中心的な担い手と想定されている。地域福祉事業の担い手であると同時に，地域内における多様な担い手間の調整役を担い，また支援者の役割を果たすことになる。都道府県社会福祉協議会はこの市区町村社会福祉協議会の活動を広域的に補完するとともに，その活動をバックアップすることになる。つ

まり，市区町村社会福祉協議会と都道府県社会福祉協議会の間の相互連携と補完関係による福祉ガバナンス体制が構築されるのである。これに加えて，社会福祉法人の内部ガバナンス強化によって，それぞれの社会福祉協議会はその活動目的を達成するために，運営責任を明確にし，健全な経営に努め，不透明な財務運営を排除することが求められているのである（厚生労働省社会・援護局長 2017）。社会福祉協議会のみならず，地域住民等において期待される社会福祉法人の活動はこうした内部と外部のガバナンスによって地域福祉における役割を公正に完遂することが可能となると考えられている。

(6) 地域福祉と地域共生

　厚生労働省は，「『地域共生社会』の実現に向けて（当面の改革工程）」（平成29年2月7日 厚生労働省「我が事・丸ごと」地域共生社会実現本部決定）を明らかにしている。それによれば，「地域共生社会」の実現に向けては，「1．地域課題の解決力の強化」として，生活に身近な地域において，住民が相互に役割を持ち支え合う取り組みを育むこと，これにより社会から孤立せず安心して生活できる社会を実現するという。そのためには，「2．地域丸ごとのつながりの強化」として，地域再生や活性化を就労や社会参加の機会資源と捉え，領域を超えて多様なニーズに応える資源の有効活用や活性化という「循環」を生み出し，暮らしと地域社会を支えるという。その支援として「3．地域を基盤とする包括的支援の強化」を掲げて，高齢者・障がい者・子どもたちへの地域住民による支え合いと公的支援の連動する包括的支援体制の構築を進めるという。そこで必要とされる人的資源については，「4．専門人材の機能強化・最大活用」として，保健医療福祉の各資格を通じた基礎的な知識や素養を身につけた専門人材の養成を推進することとしている。なお，地域共生の考え方やその実現方策については，本書第5章に詳しく触れられているので参照されたい。

　このように，地域共生社会の実現に向けては，地域住民やその組織団体等による生活問題解決への主体的な関与と住民相互の支援が求められており，それらを支える包括的支援体制の整備を進めるという。またそれらが機能する上で

は，地域の資源や機会が十二分に活用されるべきこと，そして所要の専門人材の供給を進めることとしている。

地域共生社会の構想は，地域生活課題の解決に向けて，地域住民等の諸力を集め，その連携のもとに行政機関の支援を得ながら活動を活発にしている社会であるといえる。こうした地域社会における諸主体が福祉の目的のもとにその資源を糾合して，それぞれの特色を生かしながら，連携協力して問題解決にあたる姿を具体的に構築していくことが，ローカル・ガバナンスの意義である。地域共生社会の実現のためには，そのためのガバナンスが地域諸主体の間に働かなければならないということができる。

第3節 「新しい公共」とガバナンスの視座

(1) 共治としてのガバナンスへの注目

地域福祉の実現が，従来型の福祉政策の枠組みを大きく組み替えるものであり，構造改革としての性質を持っていることは明らかである。その根底にあるのは，福祉社会の実現や国民の福祉の向上はもはや公共部門による活動だけでは達成できないことが明らかとなり，住民に身近な地域における多様な担い手による連携協力と相互補完を通じてのみ到達できるという認識が広がっているのである。これらは，公共部門（ガバメント）が中心の福祉サービス体制ではなく，公・民を含めた多様な主体によるサービス体制（ガバナンス）が求められていることを示したのである。地域福祉を実現するガバナンス（共治）という考え方について（武川 2008），公共部門と民間部門のこれまでの考え方を組み替えるという観点から検討しておく必要がある。

公共部門に関してガバナンスが必要だという声が聞かれ始めたのは1980年代あたりからであろう。80年代においては，財政逼迫や行政の機能不全を背景に新自由主義的あるいは新保守主義的な政府改革が進み，従来の公共部門と民間部門の関係を組み替えようとしてきた。市場の失敗を政府が補うのではなく，政府の失敗を市場が補うという観点での改革が進み始めた。こうした改革は，

90年代にはNPM（New Public Management＝新しい行政管理）改革と称されることになった。

NPM改革は，従来型の公共部門中心の行政サービス体制における機能不全に対して，日本でも1980年代の臨時行政調査会や臨時行政改革推進審議会の路線に代表されるように地方分権と民間化によって小さな政府を目指すことを通じて問題を解決しようとした。しかしながら現実には，社会問題は多く積み残され，政府によっても民間によっても解決されない事態に直面することになった。とりわけ地方分権改革が進んだ地方政府部門と，公益の担い手として多くを期待された民間非営利部門にとっては，新たな問題解決のための従来とは異なる枠組みが求められており，後述する協働（Partnership）がその主要な選択肢となった。

ガバメント（Government）ではなくガバナンス（Governance）に注目が集まったのは，こうした転換点においてであった（堀 2017）。公共政策形成や実施について，ガバメント中心の視点ではなく，多様な利害関係者がかかわるガバナンスが重視されるようになったのである。公益的な意味を持つさまざまな社会活動が，規制行政といえども行政部門によって提供されるのではなく，私人による行政と呼ばれる実態をもってきた。福祉サービスのような役務提供型の行政サービスは，ますます多様な供給主体，多様な媒介者，多様な顧客との関係の中で再構築されることになった。

社会諸問題を解決し公共の利益を実現するのは，政府部門や民間市場部門だけによるのではなく，いわば「第3の道」が求められた。その延長上でNPO（Non-Profit Organization）・NGO（Non-Governmental Organization）と呼ばれる民間非営利活動組織やボランティア活動など市民社会セクターの活動が注目され，加えてこれら官民のセクターを越えた協働型の取り組みが注目されることになった。世紀転換期の政府・行政あるいは公共部門のあり方は，新しいガバナンスを通じてこの「第3の道」を具体的に組み立てる問題だといってよい。そこでは従来の受動的な福祉問題の解決ではなく，能動的な福祉問題への取り組みが求められるという意味での「ポジティブ・ウエルフェア」が展望されな

ければならないというのである（ギデンズ 1999）。

　大きくいえば，従来の福祉国家型の社会保障システムが，財政面だけではなくサービス供給面でも破綻したこと，それに対する解決策としてひとつは，公共部門と民間部門の関係を組み替えていくこと，いまひとつは，中央と地方の関係を組み替えていくことであった。公民関係のガバナンス改革と，国地方関係のガバナンス改革が，標語としては「民間化改革」と「地方分権改革」として掲げられるが，福祉分野においては地域福祉政策に向かうことになるのである。

(2)　地域の社会変化におけるガバナンス型の対応

　現実問題として日本の地域社会を取り巻く状況も大きく変化している。グローバル化は地域の社会経済のあり方にも衝撃を与え，ICTなどの技術革新は従来型のサービスや業務運営を大きく変えつつある。そして社会経済や政治行政の方向は，少子高齢化と人口減少社会の到来を踏まえた持続可能な社会経済を実現する地域づくり，地方分権改革の進展と平成の大合併による地方自治体の再編とその自治能力の再構築，そして度重なる災害に直面する中での回復力ある安心安全な地域づくりなどを大きな課題としている（新川 2013b）。

　端的には，2015年からの地方創生総合戦略に代表される危機意識は，国の思惑はともあれ，地方自治体に共有され始めているし，その中において人口対策，子育て対策，雇用や経済再生，そして安心安全な回復力ある地域社会づくりは共通した課題となっている。それらの課題に対処するには，これまでの地方自治体の活動それ自体のあり方を抜本的に変革させることが求められてきたのである。つまり福祉分野に限っていえば，単純に福祉の地域化や地域福祉を強調しても，地方自治体による地域福祉政策だけでは問題解決にはならないのである。

　そうした状況は他の政策領域にも共通している。変化に応える地方自治の革新は，従来の減量型と再配分の調整を主とする行財政改革では不十分なことは明らかである。むしろ従来は実現できなかった政策目的の達成に向けて，新た

な事業目標の検討やそのための実現手法の開発をはじめとして，サービスの質の向上や見過ごされてきた住民ニーズへのきめ細かな対応などに立ち向かわざるを得ない。

このような地域のあり方に関する根本的な変革への強い要請がある中で，地方自治における共治としてのガバナンスが期待され働くことになる。そのガバナンスによる変化は，前述したポスト「脱福祉国家」型の第3の道への状況を反映したものであると同時に，それぞれの地方自治体やその地域を取り巻く環境条件によって，個々に多様なものとなって現れている。

そこに共通するのは，多様な利害関係者や顧客との関係を考える視点である。福祉政策という特定政策領域からみても，政策やサービスをめぐる利害関係者のネットワークないしはその政策をめぐるコミュニティが形成され，具体的に政策実現に向けてネットワークを機能させる手段が必要となる。その理想像の一つを示したものが地域共生社会の構想であるといえる。その一方では，福祉をめぐる利害関係者のそれぞれの行動や態度は，公共部門であれ民間部門であれ同一セクターにあっても地域ごとに特徴があるし，そこで採用される具体的な政策目標や政策手段も異なってくるし，そのガバナンスのあり方も例えば大都市圏と非大都市圏ではその実態も異なるし，当面の到達目標においても違いは大きい。地域福祉政策は，こうした地域ごとのガバナンスの違いに対応したそのあり方を模索することになる。

(3) **協働という考え方**

共治としてのガバナンスが機能するためには，現実に事業やサービスを支える手段が必要となる。その主要な形態の一つが協働である。その考え方は「地域共生社会」を目標とする中で，多様な担い手による相互の協力と補完関係として当然のこととされている。地域住民や福祉事業者による相互の支え合い，そして市町村など公共部門による支援体制，つまりは，住民や民間相互の協働に加えて，住民や民間と行政との協働が推進されようとしているのである。

こうした協働の定義については諸説があるが，いずれにしても，共同生産，

相互触発，そして相互補完の意味を含んだものとして理解されている。異なる主体が相互に自主的に協力して共通の合意された目標を達成することであり，それと同時にそれぞれの主体の個別の目標達成にも貢献することがその基本である。協働の当事者たちは，対等を前提とした相互の立場を尊重しつつ，それぞれの資源と能力に応じて役割と責任を分担し，協力して事業に当たる。とりわけ地方自治における協働は，その目的に社会課題を解決することが掲げられることから，協働の過程の透明性や公開性，そして協働の担い手たちによる説明責任が求められる。担い手たちの説明責任は，内部統制ガバナンスの発揮の一環ということができる（今田ほか 2003）。

　協働は，結局のところ，地域社会における住民福祉の向上を目指すものであるが，従来型の一律平等な行政サービスや施設提供ではなく，地域社会とその構成員のニーズに応えて，公共部門，民間営利部門，そして民間非営利部門の諸力の組み合わせによる最適の課題解決を目指す仕組みということができる。いわば広い意味での地域づくりの主要な手段のひとつとして協働への取り組みが進んできているということもできるし，地域福祉政策の中心的な目標達成手段ということもできるのである。

(4) 公共概念の捉えなおしと地域福祉における「新たな公共」

　公共のあり方を問い直す論点は80年代の国と地方を通じての行政改革において，民間部門の重要性が論じられたことに端を発する。行政中心ではなく民間の活力に期待し始めたのである。同様の考え方とその実践は，80年代からの福祉改革や地域福祉などをめぐる社会福祉部門において，そして1995年の阪神淡路大震災におけるボランティアの活躍において鮮明に示された。震災の救援に当たったボランティアは，自らが公共を担っていることを自覚し始めたのである。

　地域福祉分野における新しい公共と協働の問題は，右田紀久恵によって問題提起されている（右田 1993）。「自治型地域福祉」を主唱する右田は，地域福祉によって「旧い公共」が「新たな公共」に転換すると主張する。「旧い公

共」とは，これまでの日本の戦前以来の公共は「官」が担うものとする考え方で，国民・住民は「私」と位置づけられる伝統的で固定的な考え方である。そこでは「官」優位の思想があるが，右田は，「公共性」というのは，「私的利害を住民が主体的に調整」していくもの，「人間の『生』の営みにおける共同性の原点とし，その共同関係を普遍化したものに他ならない」とし，「"ともに生きる"原理そのもの」と考える。ここでいう「新たな公共」とは，「生活の『私』側をベースとした，共同的営為の総体」であり，例えば，高齢者の問題に対する協働的な取り組みや，福祉コミュニティづくり，ボランティア活動などが，「新たな公共」の主体としている。また右田は，地域福祉分野での「新たな公共」の創造主体として社会福祉協議会を位置づけている。

　右田の発想は，今日の地域福祉の思想の原点であり，地域住民の自治的な活動を起点とした「新しい公共」のあり方を考える重要な出発点となっている。それらは今日の地域共生社会の考え方にも結びついているのである。このように地域福祉政策の鍵は，地域社会の住民の活動と，それらの相互連携協力ないしは協働と，公共の捉えなおしにあるということができる。

(5) **公共概念の再定義と協働の位置づけ**

　地域福祉政策に限らずさまざまな政策分野に関して地方自治体においては「協働」という用語がいまや当然のように使われている。20年前には違和感を持って迎えられたが，いまや主要な政策用語として，そして主たる政策のテーマに掲げられる（新川 2017）。もちろんそれぞれの地域の特性を反映して協働の意味付けやその軽重は異なってはいるが，協働あるいはそれに相当する方策を採用していないところはないといってもよい。協働の重要性が意識され始めたのは，2000年前後あたりから「新しい公共（空間）」という用語が使われ始めたことと関係する。前述のように日本でも公共のあり方を問い直すところから，協働の議論が始まったのである。

　これらの地域や民間における動向と軌を一にするかのように，1997年の行政改革会議の報告で明確に示された「公共空間は官の独占物ではない」という言

辞は，その後の公共部門の見直し，つまりは公共の担い手とそれらの働き方に焦点を当てることになる。新しい公共空間に関する総務省の自治体経営刷新戦略の研究会報告（2005年）においても，民間事業者と行政の協働（委託など），そして住民団体相互と行政の地域協働がこれからの公共の担い手として考えられており，いわば民間と行政の協働が公共を支える主たる柱とされているのである。

　民主党政権下で明らかにされた2010年の「新しい公共」宣言は，「支え合いと活気のある社会をつくる」ための当事者たちの「協働の場」として新しい公共を捉え，国民，市民団体，地域組織，企業，政府などが一定のルールと各々の役割を持って当事者として参加し協働することとした。2012年の政権交代後においても，自公連立政権は，共助社会を掲げて，自助と公助のギャップを埋め，地域の活性化を図ると共に，すべての人々がその能力を社会で発揮できることを重視し，そのためにはNPOや地域団体，地縁組織等の共助が重要としたのである。

　以上のように，公共概念の再編は，必然的に公共を支える新たな担い手として，民間部門の多様な主体の活躍に期待するものであった。そしてこれらの主体は，単独ですべての公共を担うことは無理があるために，他の主体との協働を通じて社会的課題に取り組むことが期待されている（新川 2011）。地域福祉政策においても「社会的包摂」や「地域共生」という目的が強調されるが，その実現手段に関しては，以上に述べてきた動向と軌を一にして，「新しい公共」としての地域住民等の活躍が位置づけられるとともに，それらの連携協力による「協働」型の実践としての地域生活課題解決が探求されることになってきた。

(6)　協働の実践と展開

　協働への取り組みは，徐々に広がっていったが，その特徴としては，まず初期においてはNPOと行政との協働が強く意識されたことがあった。つまり，阪神淡路大震災におけるボランティアの活動の活発化があり，そしてそれらの

活動母体としての市民活動団体であるNPOの法人制度化（特定非営利活動促進法 1998年制定）が進んだことが背景にある。そしてこれらの団体が社会の公共利益の実現を目指していることがあって，行政との連携や協力を通じて公共サービスの刷新つまりは協働活動に積極的にかかわっていくことになった。社会福祉分野では，従来からあった社会福祉協議会や当事者団体，ボランティア団体が活躍してきていたが，これらに加えて新たな社会福祉課題に取り組むNPOが増えてきたのである。そしてこれらの活動を行政が支援し，活動を活発にしていくことが目指された。

　これらの現象は，世紀転換期において比較的にNPO活動が活発であった大都市圏を中心にそれぞれの地方自治体で先行的に進んだ。そこでは，NPOと行政が具体的な事業を協働によって実施していくこと，そしてその実績を作ることに双方が懸命に努力をしていた側面もある（小田切 2014）。そうした地方自治体で同時に始まったのが，協働を支援する環境の整備である。そこでは，ヒト，モノ，カネ，場所，情報など，NPO団体の活動活発化や協働のきっかけ作りをするような中間支援に当たる活動を中間支援を目指すNPOと行政との協働によって構築する動きが進んだ。それらはNPO活動支援センター等の設置を通じて実現され，やがて各地方自治体に広がっていった。福祉分野でいえば，社会福祉協議会にボランティア・センターが設置され，地域住民等の連携や行政との協力など，協働が積極的に位置づけられるようになってきた。

　協働型の実践は，多くの地方自治体で今や大前提となっており，社会福祉政策だけではなく，公共事業であれサービス提供であれ，協働型の事業手法の検討と実施がなされている。もちろんその背景には，条例レベルや計画レベルでの協働推進方針が作用しているが，協働推進が必要となる領域は，地域社会を取り巻く資源制約や社会経済人口構造の変化に対応してさらに広がりと深まりをみせているということもできる（新川 2017）。

(7) **地域福祉に関するローカル・ガバナンスのデザインを考える**

　協働は地方自治体の地域社会管理において必須の条件であり，その範囲が広

がっている。たとえば都市地域における新たな協働として，エリアマネジメントが進みつつあるが，地域住民団体と事業者そして行政が協働しつつ，民間を主体に街区の管理をし始めている。伝統的な地域においても，農村における地縁組織のNPO化や地縁組織とNPOあるいは事業者等との協働が進み始めている。福祉分野においても，新たに構想されてきた「地域福祉」は，従来型の福祉の構造を変え，地域住民や福祉団体，介護事業者や医療機関あるいは教育機関など各種の事業者そして行政の連携協力が実践される，協働型地域福祉社会の実現を目指しているといえる。そこでは，行政の関与だけではなく，また地域の住民とその組織の刷新だけではなく，そこにさまざまな事業者や国・都道府県レベルで活躍する外部の担い手との協働が成立し事業推進役となっていくのである。内外のさまざまなネットワークが機能するいわゆるマルチ・セクター・パートナーシップが働き始めているし，地域がそれに大きな期待を寄せているといえる。

　地方自治は明らかに協働型の地域社会づくりに向かいつつあるし，その協働はセクターと地域を越えたマルチな担い手との間で構築されていく。そのとき地方自治体の対応においては，地方自治における協働型のガバナンスをどのようにデザインできるか，その力量が問われている。理念的にいえば，地方自治は民主主義の統治であると同時に，それが機能するためには住民とその代表機関である議会と知事・市町村長の三者の協働関係が前提となる。これからの共治としてのガバナンスにおいては，その主要な担い手である住民が個人，NPOあるいは事業者として，協働を担う意識と力量を蓄えていかなければならない。議会とその議員は，協働の一方のパートナーとして，地域社会のガバナンスをよりよくデザインするという観点から行動し意思決定をしていかなければならない。さらに執行機関の長とその職員は，その規制やサービス給付の権限範囲の協働化に留まらず，地域社会全体のガバナンスを機能させるという観点から協働型の実践を民間相互間においても促進しなければならない。地方自治体にとっては，既存のセクターの内外，セクター内の組織の縦割りを乗り越え，そして区域の枠組みを越境して協働していくこともまた共治のガバナン

スの命題である（金川 2018）。

　地域福祉についていえば，こうしたローカル・ガバナンスを構築するには市町村や都道府県など地方自治体の役割が支援者として，また調整者として機能しなければならないということができる。前述した社会福祉基礎構造改革と社会福祉法制定によって構想される地域福祉と，それを受けた地域共生社会構想は，このローカル・ガバナンスによって支えられることになるし，そのガバナンスの作動においては協働が基本的な活動形態となるといえる。これらを前提に地方自治体はローカル・ガバナンスのデザインを構想していく必要があるともいえるし，地域住民等も同様にこうした観点を共有し主体的に行動していかなければならないのである。

第4節　地域福祉政策のガバナンス

　すでに繰り返し触れてきたように，地域福祉政策を考える上では，地域のガバナンスの視点を欠くことはできない。このローカル・ガバナンスは，公共性概念の転換による「新しい公共」の観点から組み立てられる。そこには，住民や住民団体による自治が基盤となる地域福祉が重視されるし，そこにおける社会福祉協議会，福祉事業者，地縁団体，NPOやNGO，ボランティアなどによる協働が働くことが期待されている。また公共部門の役割についても，国と都道府県そして市町村の役割分担と相互補完のもとに，地方分権改革を通じて市町村重視の地域福祉体制が組み立てられることになる（URL1）。

　地方自治体の役割が重視されることになった背景には，地方分権改革がある。それらは，国と地方との関係を組み替え，地方自治体の自主性自立性を高めることを通じて，国民と住民の福祉を実現しようというのである。そこでは，改めて，「国の役割」，「都道府県の役割」，「市町村の役割」を再定義し，国から地方への権限の移管を実現するとともに，国による地方への無用の関与をなくしていくこととなる。地方自治体の主体的な活動が期待されているのである。

　地方分権改革は，2000年には，社会福祉法の成立に先立って4月に「地方分

権一括法」の施行があり，国と地方の対等協力の関係を確立し，地方が自主性及び自立性を高め，個性豊かで活力に満ちた地域社会の実現に取り組むこととした。住民生活と密接にかかわる福祉サービスの向上は，住民に身近な市町村が中心となって住民の参画と協働のもとに進めていくことになった（鷹野 2005）。

　地方分権と並んで地域福祉政策の導入の背景にあるのは，新しい公共の考え方が定着してきたことである。従来は公共部門の活動と考えられてきた公共サービスが，公共部門だけでは支えきれないこと，実態は住民や民間部門によって担われていることが，認識されるようになったのである。こうした新しい公共を担うのは，ボランティアや，NPO・NGO，事業者，地域住民団体などであると考えられるようになっている。住民が行政に参画し協働する機運が高まってきており，地域福祉をはじめ様々な分野でボランティアやNPO活動が広がっている。地域福祉政策においては，地域住民等としてこれらの活躍が想定されているのである。

　1995年の阪神淡路大震災では，延べ100万人を超えるボランティアが全国から集まり，被災者の支援に活躍し，この年は「ボランティア元年」と呼ばれ，NPOなど市民の自発的な活動の重要性が強く認識された。こうしたボランティアの活動をさらに進めていかなければならないという観点から，市民の公益的活動に組織化の機会を与え，その活動を継続的に促進するために，1998年3月には「特定非営利活動促進法」が制定され，市民活動団体が法人格を得ることができるとし，その活動を促進することとした。NPO法人として認証されている団体は2019年3月末には51,063団体であり，その中で「保健，医療，福祉の推進を図る活動」を行っている団体は30,238団体，福祉関係の活動が約6割を占めている（URL 2）。

　もちろん日本には歴史のある地域住民団体が多数存在しており，それらはこれまでも福祉的な活動を展開してきた。全国に30万団体あるといわれる町内会自治会，老人会や婦人会，子供会などの地縁に根拠を置いている団体が多数ある（総務省 2010）。また地域の公共的な機関の活動に付随した住民活動として

PTAや青少年健全育成団体など，また福祉や教育に尽力する宗教法人も多い。これらの団体の中には，高齢化や人口減少などの影響もあって活動の停滞や形骸化が心配されるところもあるが，同時にその活動は地域社会においては重要であり続けている。地域福祉においてもこれら地域住民等の活動への期待は高いし，新たに登場してきたNPOなどの団体との協働への期待も高いのである。

ともあれこれらによって地域福祉やその他の公的サービスの展開に関する市民の主体的な取り組みが従来のボランティア活動の枠組みを超え，新たな公共，新たな公益を担う事業として認められるようになってきた。こうした市民活動の高まりを背景に，これからの地域社会づくりにおいては，住民自らが生活課題の解決を図ることができるような組織や仕組みづくりが求められるのであり，それは地域福祉においても同様といえるのである。

ここにおける地域福祉の住民自治へのまなざしは，ガバメント（政府，行政府）ではなくガバナンス（共治）の視点が重要とされる。地域のガバナンスを組み立てなおしていくことの意義は，多様な関係者によるその諸主体間の関係を再構築し「新しい公共」と地域の自治を実現することで，地域福祉をより豊かに展開していくことができるという点にある。

参考文献

「新しい公共」円卓会議（2010）『『新しい公共』宣言』内閣府
今田忠ほか（2003）『NPOと行政の協働の手引き』大阪ボランティア協会
右田紀久恵（1993）『自治型地域福祉の展開』法律文化社
岡村重夫（1988）「地域福祉研究課題の回顧と展望」『日本の地域福祉』第1巻，日本地域福祉学会：5-26
金川幸司編著（2018）『公共ガバナンス論——サードセクター・住民自治・コミュニティ』晃洋書房
ギデンズ，アンソニー著，佐和隆光訳（1999）『第三の道——効率と公正の新たな同盟』日本経済新聞社
厚生省（1999）「社会福祉基礎構造改革について（社会福祉事業法等改正法案大綱骨子）」
厚生労働省（2017）「『地域共生社会』の実現に向けて（当面の改革工程）」（平成29年2月7日　厚生労働省「我が事・丸ごと」地域共生社会実現本部決定）

厚生労働省社会・援護局長（2017）「社会福祉法等の一部を改正する法律の施行について（通知）」社援発0331第14号　平成29年3月31日
小田切康彦（2014）『行政―市民間協働の効用：実証的接近』法律文化社
社会福祉士養成講座編集委員会（2015）『地域福祉の理論と方法（第3版）（新・社会福祉士養成講座9）』中央法規出版
社会福祉法令研究会編（2001）『社会福祉法の解説』中央法規出版
総務省（2010）『平成22年版　情報通信白書』
鷹野吉章（2005）「地方分権の動向と地域福祉推進上の課題」『文京学院大学研究紀要』7(1)：121-138
武川正吾（2008）「地域福祉の主流化とローカル・ガバナンス」『地域福祉研究』第36号，日本生命済生会：5-15
新川達郎ほか編著（2011）『持続可能な地域実現と協働型ガバナンス』日本評論社
新川達郎編著（2013a）『公的ガバナンスの動態研究』ミネルヴァ書房
新川達郎編著（2013b）『京都の地域力再生と協働の実践』法律文化社
新川達郎（2017）「地方自治体における協働政策の課題」『同志社政策科学研究』19(1)：221-231
分権型社会に対応した地方行政組織運営の刷新に関する研究会（2005）『分権型社会における自治体経営の刷新戦略―新しい公共空間の形成を目指して』総務省
堀雅晴（2017）『現代行政学とガバナンス研究』東信堂
URL 1　大阪府「これからの地域福祉の在り方」
http://www.pref.osaka.lg.jp/chiikifukushi/keikaku2/toushin02.html（2019年7月1日閲覧）
URL 2　内閣府NPO法人ホームページ
https://www.npo-homepage.go.jp/about/npo-kisochishiki/nposeido-gaiyou（2019年7月1日閲覧）

【コラム3】「ローカル・ガバナンスとは何か」

新川達郎

　地域社会がその地域をなにがしか秩序立てようとする働きを「ローカル・ガバナンス」という。それは今日的には、基本的に地域の諸主体の参加による自己統治を通じて、地域の課題解決や目的達成を遂げていく様相であり、少なくとも地域の持続可能性を高めていく状況を意味しているといえる。「ローカル・ガバナンス」は、身近な近隣社会の中でも市町村の区域でもまたそれを超えていても地域として相互に認知できる単位において働いており、人々の福利厚生や地域開発あるいは環境共生など特定の政策目的や課題分野において組織されているのであり顕在化することになる。

　ローカル・ガバナンスの特徴のひとつは、「ガバナンス」という言い方にあり、従来の統治を担う権力を意味していた「政府（ガバメント）」ではなく、多様な主体が統治にかかわるという意味で共同統治（共治）として用いられている点にある。社会を統制している中心には国や地方自治体などの「政府（ガバメント）」ではなく「ガバナンス（多様な主体による共治）」があるということになる。

　2つ目の特徴は、共治という場合に多様な主体が個々に無関係に働いているのではなく、明示的であれ暗黙であれ、相互に連携・協力して目的達成をしていこうとする点にある。つまり、ガバナンスは市民や市民活動組織（NPO、NGOなど）、民間企業や事業者、国や地方自治体を含む多様な主体による統治への参加とそれらのネットワークによる協働（パートナーシップ）型の働きである。

　3つ目の特徴は、「ローカル」というところにあり、たとえば、グローバル（地球規模）、ナショナル（国家規模）、ローカル（地域規模）という言い方に示されるように、相対的に小さなまとまりのある空間における「ガバナンス」を問題にしている点である。この特徴は、国と地方の関係を問う地方分権改革を支える理念とも関連するし、伝統的な地方自治の考え方とも結びついて、地域社会の自主性や自律性を「ローカル・ガバナンス」によって発揮することが期待されることになる。翻って「ローカル」が「グローバル」や「ナショナル」との間で持っている意義や相互間の影響や役割など、ガバナンスの相互の関係性において「ローカル・ガバナンス」が果たす意義も重視されているのである。

第3章 地域福祉政策とその財源

第1節 地域福祉財政と地方分権改革

(1) 地域福祉の担い手は多様

　地域福祉政策の財源を考える前提として，地域福祉政策の具体的な担い手を想定しなければならない。その具体的な担い手としては，市町村（政令指定都市を含む，以下同じ）が当然のことだがまず挙げられる。市町村は2000年の社会福祉法の改正によって，地域福祉の推進が位置付けられ（第4条），第10章地域福祉の推進においては，第1節として，市町村地域福祉計画の策定が努力義務とされている（第107条）。都道府県には地域福祉支援計画の策定がこれも努力義務とされている（第108条）。これらからわかるように，市町村は地域福祉の推進の主たる担い手として位置付けられている。

　また，同じく改正社会福祉法第109条では，市町村社会福祉協議会の規定が置かれている。

　「市町村社会福祉協議会は，1又は同一都道府県の2以上の市町村の区域内において次に掲げる事業を行うことにより地域福祉の推進を図ることを目的とする団体であって，その区域内における社会福祉を目的とする事業を経営する者及び社会福祉に関する活動を行う者が参加し，かつ，指定都市にあってはその区域内における地区社会福祉協議会の過半数及び社会福祉事業又は更生保護事業を経営する者の過半数が，指定都市以外の市及び町村にあってはその区域内における社会福祉事業又は更生保護事業を経営する者の過半数が参加するものとする。」

　これによって，市町村の行政計画としての地域福祉計画の推進にあたっては，市区町村社会福祉協議会が，その主な担い手となることが予定されていることがわかる。したがって，地域福祉施策の財源を検討するためには，まず市区町村社

会福祉協議会の事業を推進するための財源について，検討することが求められる。

　市区町村社会福祉協議会はほぼ99％が社会福祉法人とされている（全国社会福祉協議会）。政令指定都市の場合は，社会福祉法人である市社会福祉協議会（以下，市社協）のもとに，行政区ごとに区社会福祉協議会が組織され，それぞれが社会福祉法人となっている。ただし，後に検討する堺市社会福祉協議会は，市社協は社会福祉法人だが，行政区ごとには市社協の区事務所を置くというかたちになっている。

　全国の市区町村社会福祉協議会は，1,866ヵ所，職員数は約14万人。都道府県と政令指定都市の社協が67ヵ所，1万5,000人である（全国社会福祉協議会，2018）。また，都道府県や市町村という関係行政庁の支配を制限するためとして，これら関係行政庁職員は，社会福祉協議会（以下社協）の役員総数の5分の1を超えてはならないとされている。

　そのほかに，地域福祉の担い手としては，社協以外の社会福祉法人，医療法人，生活協同組合（グリーンコープ，奈良市民生協，生活クラブ生協など），特定非営利（NPO）法人（このゆびとーまれデイケアハウスなど），任意団体（高齢社会をよくする北九州女性の会など），町内会自治会連合会，老人会，婦人会，民生・児童委員協議会，保護司会，シルバー人材センター，各種のボランティアサークル，コミュニティビジネスなど多数がある。

　本章では，地域福祉の担い手として各市町村で中心的役割を担っている「社会福祉協議会」について，その運営財源についての事例紹介を主な作業としたい。他の民間の担い手については，社会福祉協議会に準じた運営財源であると想定しておく。

(2) 分権改革と財政

　もうひとつ，地域福祉政策の財源問題を考えるとき，押さえておきたいのは分権改革との関係である。結論からいえば，自治事務としての地域福祉政策の財源は，市町村の一般財源（地方税と地方交付税，地方譲与税など）を主に，それに国庫支出金（国庫負担金，同補助金，同委託金）および都道府県支出金が加

わる。さらに，共同募金などの寄付金，使用料や保育料，授業料，手数料などの利用者の負担金が加わる。特に国庫支出金がどの程度関わるかに関心が向きがちになるところだ。

　2000年4月1日にその主要部分が施行された「地方分権一括法」は地方自治法を中心に475本の法律を改正するもので，分権改革は制度的にはここに始まる。この分権改革の核心部分は，「機関委任事務制度の廃止」である。機関委任事務制度とは，国の事務を市町村長，または都道府県知事に命令して執行する制度である。たとえば，児童福祉法では，この改正の前は，「保育に欠ける児童の保育」は「国の下部機関としての市町村長」の義務とされていた。したがって，保護者の払う保育料は，市町村長名の規則によって徴収され，議会の条例によるものではなかった。この機関委任事務は，市町村の仕事の4割，都道府県の仕事の6，7割を占めていた。財源では，保育の措置に要する財源のうち，8割まで国庫負担，残り2割は市町村の一般財源であった。

　この改革で，都道府県と市町村の仕事は，原則として「自治事務」とされ，例外的に「法定受託事務」が置かれた。「法律又はこれに基づく政令により都道府県，市町村又は特別区が処理することとされる事務のうち，国が本来果たすべき役割に係るものであって，国においてその適正な処理を特に確保する必要があるものとして法律又はこれに基づく政令に特に定めるもの」（改正地方自治法第2条9項，及び8項，10項）である。

　なにが法定受託事務かについては，改正地方自治法の別表第1に掲げられている。国庫負担金について，地方財政法第10条に限定列挙されている。保育所の国庫負担金については，2004年の小泉内閣の「三位一体改革」のときに，廃止され，国から地方への税源移譲（所得税から住民税所得割へ）の見返りとして一般財源化（市町村負担化）された。「保育に欠ける児童の保護」は，自治事務化されたのである。この「三位一体改革」は，「国庫補助負担金の一部の廃止」「税源移譲」「地方交付税の削減」を一体として行うものだが，国庫負担金の一般財源化と地方交付税の大幅削減で，地方一般財源の縮小が目立つこととなった。財政再建を主眼とする財務省の主張が強く出た改革であった。

第2節　堺市社会福祉協議会の事業とその財源

　筆者が一時，地域福祉計画策定委員などとしてかかわっていた大阪府堺市の社会福祉協議会をひとつの事例として，堺市社会福祉協議会と堺市とが協働して進める地域福祉政策とその財源について若干の紹介をしてみたい（澤井2009，松端 2010，所 2014，守屋 2018参照）。

　堺市は2019年1月現在で人口約84万4,000人（うち外国人が約1万3,000人）で，2006年4月に15番目の政令指定都市になり，7つの行政区（合併した美原町をひとつの行政区とする）を設けている。ただし，行政区の設置が最近であるため，区への権限移譲や予算執行権，人事権の移譲などの都市内分権はこれからの課題である。

　この政令指定都市移行の前，2003年から「地域福祉計画策定懇話会」（会長・牧里毎治関西大学教授・当時）を設けて「堺市地域福祉計画」の策定作業が進められ，2004年3月に「第一次堺市地域福祉計画」が策定された。対象年次は2005年から2011年度までの7ヵ年として，この間にいくつかの重要な施策を実現してきた。2007年からは市の社会福祉協議会の「第三次地域福祉総合計画」との調整を図り，社会福祉協議会と協働して同一の策定委員会で第二期の地域福祉計画・地域福祉総合計画の策定を行った。この「第二次堺市地域福祉計画・第四次地域福祉総合計画」は，2009年3月に策定された。

　その後，2014年から2019年までの「第三次堺市地域福祉計画・第五次堺市社会福祉協議会地域福祉総合推進計画」が策定され，実施されている。

第3節　校区ボランティアビューロー

　この過程での重要な施策のひとつは，「校区ボランティアビューロー」の設置とその運営が全市で93ある小学校区の全体に広がってきていることである。2016年で82校区で設けられている。堺市は，もともと堺市社会福祉協議会による「小地域ネットワーク活動推進事業」が活発に行われてきた都市で，2005年

度には92校区のうち86校区で，いきいきサロン，ふれあい食事会，地域リハビリ，世代間交流，子育て支援，ふれあい喫茶，などが取り組まれ，2007年度には全92校区で実施されていた。

　この「校区ボランティアビューロー」は，地域福祉の「拠点づくり」の一環として，「地域会館等市民の身近なところで，気軽に困りごとを相談したり，地域で全市的な福祉情報を入手できる。このような『相談・情報交流・集いの拠点』を設けることにより，地域の中のつながりが生まれることを促す。また地域のボランティアの活動拠点として活用されることで，『地域力の向上を図る』という複合的な機能を持ったもの」（堺市社会福祉協議会 2019：堺市地域福祉計画策定資料）として位置づけられている。ボランティアビューローの事業の実施主体は，校区福祉推進委員会，校区自治連合会，校区民生委員児童委員会の三者である。ホームページ上の事業評価の資料では，事業開始の2006年度にはモデル区である南区の18校区で始まり，2年目の2007年度の実績では，41校区で設置されている。週6回も開いているのが3校区，週3回が5校区，週2回が16校区，週1回が17校区となっている。実施回数が延べ3,918回で，相談件数830件となっている。

　この費用については，1ヵ所当たり運営費に年10万円，初度調弁費に10万円が市と市社会福祉協議会からの補助金として出ている。この補助金の財源は市の一般財源と社会福祉協議会の運営費（共同募金配分金を含む）によって賄われているようである。

　この「校区ボランティアビューロー」は，ひとつの「ドロップイン」型の相談，交流拠点である。ここが住民の様々なニーズに応えることができる組織に育てば，かなり強力な住民による地域拠点ができることになる。これにかかる費用は，基本的には相談員（自治連合会の役員，それと重なることが少なくない校区福祉推進委員，そして最もその専門的な役割が期待される民生児童委員）はボランティアであるから，ビューロー設置の初度調弁費や茶菓子代やコピー代などの運営事務費が大きいものとなる。今のところは活動範囲が狭いが，相談が多岐にわたると移動のための交通費やガソリン代，それにボランティア保険な

どの費用が増加することが予想される。

　いずれにしても，地域の自治という観点からすると，地域福祉の財源は，まず自らの地域の施設や財源と人材などの資源を動員すること，いわば眠っている資源（会館・集会所，廃校舎，ボランティア人材，など）を生かし，活用することが基本である。それに，市の一般財源の追加的投入が検討される，という形となることが一般的には想定される。

　しかしながら実際には，行政からの補助金によって動き出すという場合が多い。それは地域自治組織が十分に自治的なものとしては未だに成立していないのが実情だからである。

第4節　CSWの設置費を確保する

　堺市の場合，地域福祉計画の推進と展開の次の焦点は，「コミュニティソーシャルワーカー（CSW）」の設置である。大阪府では，2004年度にCSW設置費補助金が創設された。これは同和対策特別措置法の失効と，同和対策事業特別措置法による事業の一般事業への転換に伴う事業のひとつとして行われたものである。堺市は指令指定都市であるためにこのCSW設置費補助の対象から除かれ，市単独でCSW設置と運営を行っている。

　堺市では2008年10月から4名が置かれたが，うち2名は社会福祉協議会の区事務所に置かれ，他の2名は民間の福祉法人が担う在宅介護支援センターにごく低額の費用で依頼するとされている。このCSWの設置費が第二次の地域福祉計画の推進にあたって最も大きなものとなる。大阪府の場合はCSWの設置費を580万円として，その半額を補助するとしていたが，2009年度からは包括交付金に統合されたため，自治体によっては，その財源確保にバラツキが出てくることが予想されていた。

　堺市のCSW設置事業は大阪府の事業対象ではなかったため，かえって独自のCSW設置事業が可能になっている。それにしても，このCSW設置事業を単独で進めることになるが，その財源をどのように捻出するかが課題であること

には変わらない。できれば常勤の専門職としてのCSWを育てていくことが最も望ましい。そのためには，雇い主負担も含めておおざっぱに一人700万円，7区に1人ずつ配置するとして4,900万円である。まずこの一般財源の確保を，財政課と交渉することが必要である。

その際，地域福祉のコーディネーターであるCSWの活動が，処遇困難層の救済を通じて生活保護受給者やボーダーライン層の増加の抑制などに有効であることを説得的に説明することが求められる。すなわち，長期的にはCSW設置費というコストは福祉サービス需要者の増加を抑制することで十分に回収できるはずである。あるいはこの4,900万円を，職員の配置転換と専門職化によってひねり出すような工夫が求められる。さらに新しい地域福祉財源の確保（後に述べる地域福祉基金の拡充など）によってCSWの人件費を捻出することを展望することが必要となる。

全国的には，コミュニティソーシャルワーカー設置事業は，厚生労働省が2008度から2年間モデル事業として行った。設置費700万円の半分を補助し，全国100ヵ所の中学校区にモデル的に置くとしていた。このモデル事業は，その後実施されていない。また，コミュニティソーシャルワーカー設置費の交付税措置も行われていない。

第5節　堺市社会福祉協議会の事業

以上の経過を前提としながら，最近の堺市社会福祉協議会（以下，堺市社協）の事業内容と財源の内訳を，抜粋してみておこう。資料は，堺市社協のホームページに掲載されている「平成29年度堺市社協事業報告　決算報告書」である（堺市社会福祉協議会　2019）。

まず事業内容を全体としてみてゆこう。

1．法人運営・連絡調整
　(1) 理事会，評議員会，監査

(2) 会員会費制度　平成15 (2003) 年度から会員会費制度を設けている。正会員は団体で1万円 (29団体)，特別賛助会員 (個人，1,264人) は3,000円，特別賛助会員 (132団体) が1万円，住民賛助会員 (2,464人) 500円。
　　会費の実績は，平成29 (2017) 年度で961万円強。
2．総合調整
　(1) 調査研究
　　• 調査の依頼協力 (46件)　　成年後見制度にかかる実態調査
　　• 職員研修
　(2) 地域福祉の企画運営，調査研究，総合調整
　　• 社協機関紙「堺の福祉」編集発行　年4回
　　• 第65回堺市福祉大会の開催　さかいボランティア・市民活動フェスティバル
　　　(参加団体114団体，2,256人)
　(3) 地域福祉活動助成事業
　　• ふれあい助成金　堺市の地域福祉推進金の運用収益で助成活動
　　　　件数24件，金額227万円
3．第5次堺市社会福祉協議会地域福祉総合推進計画に基づく事業
　(1) 管理，推進協議会運営事業
　　• 推進協議会，計画懇話会の開催
　　• 地域福祉フォーラムの開催　参加者430名
　　• 各区におけるネットワークの形成
　　　例：堺区：堺区高齢者ネットワーク会議，堺区高齢関係者会議，堺区地域包括支援圏域別見守りミーティング，堺区子育て支援運営委員会，堺区子育て支援全体会，堺区子ども家庭フォーラム，堺区障害者自立支援協議会，エールdeさかい，社会貢献事業堺区CSW連絡会，等
　(2) 総合調整，協働事業の企画・運営
　　• 地域福祉課スタッフ会議・係ミーティング
　　• 各種委員会，協議会への参加，交流，調整
　　• 全社協，府社協の各レベル協議会
　　• 各種近畿ブロック会議
　　• おおさか災害支援ネットワークの開催
　　• 協働事業の実施
　　　　堺市セカンドステージ応援団事業
　　　　　• 応援団運営協議会　堺市 (長寿支援課，生涯学習課，市民協働課)，堺市教育委員会 (学校指導課)，堺市校区福祉委員会連合協議会，堺市シルバー人材センター，大阪府立大学
　　　　　• いきいき堺市民大学の運営
　(3) 堺市生活困窮者自立相談支援事業

- 堺市生活・仕事応援センター「すてっぷ　堺」堺市総合福祉会館4階。主任相談支援員1名，相談支援員6名，事務員2名，就労支援員2名（民間人材派遣会社へ業務委託）
　新規相談件数1,962件，支援回数8,908回。
(4) 生活支援課総合調整事業「くらしをまもるチャレンジ事業」
(5) 地域福祉ねっとワーカー（CSW）の活動強化
- 実施体制　CSWを各区事務所に1名配置（計7名）
- 区事務所CSW機能の実践，校区福祉委員会や民生児童委員など地域の個別支援を行う実践者とともに，専門機関と連携し，個別支援を実践した。
- 区域をベースとしたネットワーク会議への参画とネットワーク構築　CSWが関わった件数は1,257件
- 社協CSW連絡会の開催（年6回）
(6) 生活支援コーディネーター配置事業
- 地域支援事業実施要綱に定める第2層の業務モデルを，中区・南区において実施。
(7) さかい子ども食堂ネットワーク形成支援事業
- ネットワーク参加団体数　30団体
- 新規開設団体の開拓・立ち上げ支援　新規相談件数　44件
- 堺市子ども食堂開設支援補助金募集，23団体受付，堺市に申請
(8) 在宅生活相談等事業
(9) 福祉・ボランティア活動総合相談事業
(10) 校区福祉委員会育成援助事業
- 校区福祉委員会連合協議会役員会議及び全体会議，区域会議
- 校区福祉委員会全体研修会と地域福祉フォーラムの開催
- 福祉情報定期便の実施　月に1回
- 校区ボランティアビューロー情報便　月に1回
(11) 地域のつながりハート事業（堺市小地域ネットワーク活動推進事業）
- いきいきサロン（93校区），ふれあい食事会（82校区），地域リハビリテーション（53校区），世代間交流（90校区），子育て支援（84校区），ふれあい喫茶（83校区）
- 校区ボランティアビューロー（84校区）
- お元気ですか訪問活動（86校区）
(12) 区域活動活性化事業
　堺区を事例に
- 堺区ボランティアメンバー募集講座
- 堺区ボランティア連絡会の運営支援
- 地域包括支援センター圏域別見守りミーティング

⒀ 老人介護者（家族）の会育成援助事業
⒁ 福祉教育推進事業
⒂ キャップハンディ事業　障害のある状態を疑似体験することを通じて障害のある人への理解を促す
⒃ ボランティア情報センターの事業
⒄ ボランティア講座事業
⒅ ボランティア助成事業　ボランティア活動助成金交付
- 1団体310グループに交付
⒆ 堺市市民活動サポートセンター事業
- 事務所の貸し出し，ロッカーの貸し出し
- メールボックスなど
⒇ 市民プラザ管理運営事業
(21) 災害ボランティアセンター事業

4．権利擁護を支援するための取り組み
 (1) 日常生活自立支援事業　認知症高齢者，知的障害者，精神障害者などが　地域生活を送れるよう支援する事業　　相談件数は286件
 (2) 堺市権利擁護サポートセンター事業　相談件数は307件

5．地域包括ケアの推進
 (1) 基幹型包括支援センター運営事業
- 高齢者総合相談支援・権利擁護業務　高齢者相談件数30,931件
- 地域におけるネットワーク構築事業
- 包括的・継続的ケアマネジメント支援業務
     ケアマネジャー等への個別支援（困難事例相談対応920件，ケース会議への参加119件，同行訪問199件）
        会議等の開催　医療との関係強化への取り組み
 (2) 給付請求管理業務
 (3) 認知症施策総合推進事業
     医療機関・介護サービスや地域の支援機関をつなぐコーディネーターとしての役割を担う認知症地域支援推進員を2名配置し，介護と医療の連携強化や地域における支援体制の構築を図った。

6．社協が行うサービス・支援事業
 (1) 堺市ファミリー・サポート・センター事業　子育ての支援をしてほしい者と，子育ての応援をしたい者を組織化。依頼会員は3,401人。提供会員は1,091人。両方会員は455人

7．世帯の自立援助
 (1) 大阪府の生活福祉資金の貸し付け。福祉資金40件。教育支援資金182件
 (2) 大阪府生活福祉資金「離職者支援資金」など，他に9件の生活資金貸付

8．各種の援助活動
　(1)高齢者福祉対策事業　(2)青少年児童福祉対策事業　(3)心身障害者福祉対策事業
　(4)母子等福祉対策事業　(5)社会福祉施設対策事業　(6)更生保護福祉対策事業
　(7)生活福祉対策事業　(8)保健福祉対策事業
9．たすけあい運動の推進
　(1)　共同募金運動への協力
　(2)　歳末たすけあい運動への協力
　(3)　年間たすけあい運動
10．その他の受託事業
　(1)　福祉団体等の事務受託
11．福祉団体等との連携
　(1)　堺市献血推進協議会への協力
12．堺市総合福祉会館の管理運営

第6節　堺市地域福祉協議会の財源

　以上のような多様な事業を担い，地域福祉総合推進計画を堺市の地域福祉計画推進事業と連携して進めている堺市社会福祉協議会（以下，堺市社協）の運営財政は次のようになっている（堺市社会福祉協議会 2019：平成29年度決算報告）。

　まず堺市社協の事業活動計算書では3つの会計区分で構成されている。第一は，「地域福祉事業拠点区分」（収入額9億7,132万円）として整理されている。第二は，「地域包括支援センター事業拠点区分」（収入額2億8,265万円）であり，第三は，「ひとり親家庭支援事業拠点区分」（収入額1,540万円）である。この3者を統合する「法人全体」は「社会福祉事業（地域福祉事業拠点区分）」と「公益事業」（地域包括支援センター事業拠点分＋ひとり親家庭支援事業拠点区分）というかたちになっている。「法人全体」の資金規模は，平成29年度決算では，収入総額が13億6,218万円，支出総額は12億7,001万円である。

1．堺市社協の資金収支計算書は，いまみたように，3つの拠点区分から構成されている。

　その1は，「地域福祉事業拠点区分」，その2は「地域包括支援センター事業拠点区分」，その3は「ひとり親家庭支援事業拠点区分」である。

その１の「地域福祉事業拠点区分」は，さらに，「事業活動による収支」と「施設整備等による収支」，および「その他の活動による収支」からなる。

「事業活動による収支」の内容は次のようである。

まず「事業活動による収支」の「収入の部」であるが，その収入額は，9億7,307万円である。内容は，会費収入，寄付金収入，経常経費補助金収入（市補助金収入，共同募金配分金収入），受託金収入（全社協・府社協受託金収入，市受託金収入，団体事務受託金収入），事業収入（利用料収入，賃貸料収入），負担金収入，受取利息収入，である。

会費収入は961万円（収入額の1.0%，以下同），寄付金が489万円（0.5%），経常経費補助金は6億4,167万円（65.9%）うち市補助金が6億535万円（62.2%），共同募金配分金収入が3,572万円（3.7%）。

受託金収入は2億7,210万円（28.0%），うち全社協・府社協受託金が1,599万円（1.6%），市受託金が2億5,577万円（26.3%），団体事務受託金は34万円（0.0%）。

事業収入は2,835万円（2.9%），うち使用料が349万円（0.4%），賃貸料収入が2,486万円（2.6%）。負担金収入は936万円（1.0%）。受取利息が175万円（0.2%）。その他の収入が530万円（0.5%）。

今見たように，収入の最も大きな部分を占めるのは，市補助金で62.2%，市の事業受託による受託金が次いで大きく26.3%，共同募金からの配分金が3位で3.7%となっている。

つまり，堺市社協の「地域福祉活動」の資金は，ほぼ90%が市からの補助金と受託金で成り立っている。第三に，共同募金からの配分金となるが，かなり限られている。

「市補助金」6億535万円の内訳は次のようになっている。「社会福祉協議会補助金」が3億635万円，「総合福祉会館管理運営事業補助金」が1億6,425万円，「地域のつながりハート事業補助金」が8,968万円，「ボランティアネットワーク推進事業補助金」が1,740万円，「区事務所設置事業補助金」が1,491万円，「掲示板設置費補助金」が320万円，「地域福祉推進事業補助金」が242万円，

などである。

　また「市受託金収入」2億5,577万円の内容は次のようになっている。「生活困窮者自立相談支援事業受託金」が5,830万円，「CSW設置業務受託金」が5,456万円，「権利擁護サポートセンター事業受託金」が3,013万円，「生活支援コーディネーター配置事業受託金」4,562万円，「子ども食堂ネットワーク構築事業受託金」が1,948万円，「ファミリー・サポート・センター事業受託金」1,799万円，「区民プラザ管理運営業務受託金」1,069万円，「キャップハンディ事業受託金」468万円，など。

2．介護保険事業からの収入がない堺市社協

　なお，堺市社協の特色は，介護保険事業からの収入がないことである。同じ政令指定都市である京都市（平成30年12月で人口住民基本台帳人口147万人）社協の場合は，同じ平成29年度の決算規模は59億2,200万円で，人口規模の違い以上に堺市社協より大きいように見える。しかし，その内容を見ると，地域福祉活動の側面では，それほどの違いはないようである（京都市社会福祉協議会 2019）。

　京都市社協の拠点区分は4つある。本部運営拠点区分の収入が9億685万円，受託事業拠点区分が22億6,913万円（うち，児童館管理運営が11億5,299万円，老人福祉センターが2億6,960万円，ひとまち交流館が1億5,508万円，長寿すこやかセンター管理運営が1億3,923万円）。

　そして介護保険事業拠点区分が，30億197億円である。うち老人デイサービス経営事業が23億4,342億円，ケアプランセンター経営事業が2億9,022億円，地域包括支援センターが2億786億円などとなっている。

　4番目が区社協支援事業拠点区分で1億9,153万円で，これも堺市社協にはない項目である。

　介護保険や区社協，児童館や老人福祉センターなどを除外してみると，本部運営など12億円程度になるので，堺市社協の全体のほうが人口規模を考慮すると大きいともいえる。

第7節 社会福祉協議会の支出

　社会福祉協議会（以下，社協）の支出の特徴を，堺市社会福祉協議会の決算報告から瞥見しておきたい。社協の主な事業となっている「地域福祉事業拠点区分」の「事業活動による支出」の内容でみると，まず「人件費」が5億3,378万円で事業活動支出9億5,536万円の55.9％を占める。内訳は，職員給料が2億7,054万円，職員賞与が7,373万円，非常勤職員給与が1億357万円，退職給付が1,782万円，法定福利費6,810万円となっている。

　事業費支出（消耗品費，旅費・交通費，印刷製本費，業務委託費など）は9,645万円で事業活動費の10.1％。事務費（福利厚生費，修繕費，業務委託費，水道光熱費など）は2億2,222万円で38.3％。助成金支出は1億230万円で10.7％。

　このように，社協の経費の56％は，人件費であり，また多くの非常勤職員が支えていることもわかる。

第8節 地域福祉にかかるその他の財源

(1) 地方交付税を原資とした「地域福祉基金」の造成と活用

　「地域福祉基金」とは1991年度に2,100億円，92年度に3,500億円，93年度に4,000億円，合計で9,600億円を普通地方交付税として全国の道府県，市町村に地域福祉の基金の財源として配分したものである。

　1991年度の予算編成に当たって，後にバブル経済といわれる景気拡大の結果，法人税を中心とする国税収入が大幅に伸びることが予想された。そのためにこれら国税の一定割合を割いて地方税の身代わりとして配分する地方交付税も大きくふくらむこととなり，従来の基準財政需要額の算定からオーバーフローする状況となった。このために，その交付税のオーバーフロー分を処理するため，第一に，それまでに地方交付税特別会計が借り入れていた借入金元金のうち1兆709億円を返済するとともに，自治体が借り入れていた財源対策債の償還に当てるための基金を積み立てる財源として1兆9,460億円を交付税として配分

した。そしてその交付税オーバーフロー対策の一環として，「地域福祉基金」2,100億円が交付税に積み込まれたのである。なお，このとき同時に「土地開発基金」5,000億円も交付税として自治体に配分され，各都道府県，各市町村は「土地開発基金」をこの年に設置している。

この結果，各都道府県，市町村は1991年度から93年度までの3年度間に相当規模の「地域福祉基金」を積み，ほとんどの自治体でそのまま維持され現在に至っている。この「地域福祉基金」は主として「果実活用型」として，その運用益を地域福祉（社会福祉協議会などの）活動の助成に細々と活用しているという状況にある。この状況は，長期にわたる超低金利のもとで，一層助長されたと思われる。

結論的にいえば，いわば塩漬けされた「地域福祉基金」の一層の活用と，この「福祉基金」を母体にして，寄付税制の活用などを宣伝するなどして新たに市民（法人企業）からの寄付を求め，基金としての規模を拡充して，地域資金の流動化，動員の手段として活用すべきなのである。

大阪府福祉基金は07年度の基金残高が約27億円。「大阪府の拠出金や府民などからの寄付金とその運用益などを財源にボランティア活動や府民の自主的な地域福祉活動に助成する制度」としている。大阪府の特色は，08年度から「ふるさと納税」の対象事業のひとつにしている点である。大阪府の「ふるさと納税制度」では，寄付者の指定する事業に充当することができるが，その事業は「大阪ミュージアム構想」「なみはやスポーツ振興基金」「文化振興基金」「福祉基金」「みどりの基金」「環境保全基金」「女性基金」「ゆとり基金」など8つが指定されている。

(2) 生活協同組合の福祉基金との連携

現在いくつかの生活協同組合が，「福祉基金」を造成し，ワーカーズコレクティブの立ち上げ支援等に活用している。この「福祉基金」を活用した市民による地域福祉事業への助成は，組合員を第一の対象とするが，組合員の合意の下に一般市民に対しても開かれたものにしていくことが望ましい。特に相談事

業などでは，多重債務の電話相談が最初は生協組合員の救済に始まっても，府県の消費者相談センターとの協働事業にするなど，地域の市民に広く開かれている場合が多い。また行政の「地域包括支援センター」との連携なども検討されて良い。

事例　グリーンコープ

　グリーンコープ生協連合は1988年に九州，山口，広島の石鹸派と呼ばれる25の小規模生協が結成した環境派の生協である。1993年には新しい中期計画を採択して，「地域福祉」「環境・農業」「教育・文化」の３つの活動に取り組むことになる。同年９月には15万人の全組合員を対象にアンケートを行っている。その結果，「看るべき高齢者がいる」のが48.4％，「家族にハンディを持つものがいる」のが11.0％，「なんらかの福祉活動をする意思がある」のが76.3％，などとなった。

　この結果を受けて，94年度には売上金の一部を割いて「福祉連帯基金」を設立し，在宅支援サービス事業，福祉情報の提供，組合員の共済事業，福祉生活用品の供給事業に乗り出している（この連帯基金は2000年の介護保険事業開始に伴い，2003年３月に設立された，介護保険事業や介護保険事業外の福祉サービスを担う「社会福祉法人グリーンコープ」の事業の拡大によって2004年度に解散している）。

　2004年度になると，組合員一人ひとりが「参加と協同の理念に基づいて，広く支えあうため」に，毎月100円を拠出してつくる「福祉活動組合員基金」の検討を始める。この「組合員基金」は，グリーンコープ北九州では難産の末，2005年度に設立されている。グリーンコープ北九州は当時，組合員は約４万人。そのうち９割が参加するとして，年間4,320万円の拠出金が集まる。この4,000万円余を組合員の地域福祉活動の立ち上げ資金や運営資金の一部に充当して，社会的な共助組織を生協を母体として地域に広げることが目指された。

　筆者は当時，北九州市立大学法学部の教員であったため，この「100円基金」の草創の時に立ち会うことができた。この財源4,000万円に対して，資金援助の公募に応じた団体の提案を審議する「基金運用委員会」の委員の一人と

して，プレゼンテーションを受けて審議，決定することに参与した。この4,000万円は当年度に全額使い切ることが基金の趣旨であった。配食サービスのワーカーズコレクティブ，命の電話相談，家事サービスのワーカーズ，子育て支援のワーカーズなど多彩な事業提案があり，白熱した議論が交わされたことが想起される。この「100円基金」によって多数のワーカーズコレクティブやNPO法人が立ち上がった。これが，地域福祉のサービス利用が生協の組合員以外にも広く利用されることになり，地域福祉の基盤をつくったのは確かである。

(3) 共同募金の活性化とその活用
1) 共同募金の沿革

中央共同募金会（2019）によれば，共同募金は都道府県の共同募金会（社会福祉法人）が主体で行っている地域福祉の財源調達方式である。実施には市区町村社会福祉協議会が募集業務を請け負い，そこが集めた寄付金はほぼ8割が当該地域に還元され，その市町村内の保育所や老人ホームなどの機材購入や修繕などや，当該社会福祉協議会の運営費に配分されている。その意味では，地域の資金を地域に還元する，という機能を果たしているといえる。

共同募金は敗戦後間もない1947年に始められた。第1回には5億9,000万円が集まり，主に戦災孤児の救済や失われた社会福祉施設の再建に使われたとされる（中央共同募金会 2019）。この5億9,000万円は，現在価値でいえば1,200億円から1,500億円に相当すると考えられる。例えば2007年度の共同募金総額が約213億円であるから，その6倍から7倍の共同募金が，戦災の後がまだいたるところに残る地域から集まったことになる。これは，地域共同体のつながりがまだ強かったことや，助け合いや「お互い様」の意識が健在だったこと，それに現在は寄付募集の主体が多様化していることもあって「共同募金離れ」があるのかもしれない。

その後，1951年に社会福祉事業法の施行に伴い，共同募金は法的な位置づけを与えられている。この年に，同じく社会福祉事業法に社会福祉協議会の節が設けられ，全国で社会福祉協議会が設立されていく。

1970年に法人税に寄付税制の優遇措置の現行制度が導入され，大分遅れて地方税の個人住民税の寄付税制が1989年に創設されている。

　1991年の社会福祉8法の改正で共同募金関連法制が施行され，2000年には引き続き，社会福祉事業法を社会福祉法に改める改正が行われ，第10章に「地域福祉の推進」が立てられ，第1節に社会福祉協議会，第2節に共同募金が規定された（社会福祉法令研究会　2001：第10章）。

2）　共同募金額総額の減少とその要因

　ところで，共同募金の総額は1995年の265億7,900万円をピークに，毎年減少してきている。2007年時点では，213億1,800万円（一般募金151億円，歳末助け合い募金62億円）と，ピーク時の80％になっている。2016年決算では，181億4,426万円とさらに減少している。減少幅は小さくなっているが，なおゆるやかに下がってきている。

　この傾向は，一般募金（赤い羽根募金）の最大の額を占める戸別徴収の実際の徴収組織である町内会や自治会の役員の高齢化や加入率の低下が進んでいることの反映だとも考えられる。なお，歳末助け合い募金も同じような減少傾向を示している。もっともピーク時の1995年は，バブル経済が崩壊（1992-93年）した直後であり，その後の長い景気低迷と雇用なき景気拡大によって，被用者の実質所得が減少を続けたことが経済的なバックにあることも推測される。

　しかし，一方で，共同募金の持つ欠陥が，市民との距離を開き，他の募金や寄付などが多様化する中で浮き彫りになってきたことも，「共同募金離れ」が進む原因のひとつと考えられる。

　中央共同募金会が実施した「共同募金とボランティア活動に関する意識調査（第2次）」でも次のような結果をみることができる。この調査は，2000年6月から7月にかけて全国の18歳以上の男女3,000人を住民基本台帳から無作為抽出して行われた。調査員の戸別面接による聴取で回収できたのは2,136サンプルで，回収率71.2％。

　①「あなたは，昨年1年間に寄付をしましたか」については，「した人」が87％で，「赤い羽根募金」は75％。これはかなり高い数字だが，面接方式とい

う調査方法のバイアスがかかっているかもしれない。最も多かった寄付先は「10月からの赤い羽根募金（戸別募金）」で56％，次は「お寺・神社等への寄付，おさい銭」で42％。「赤い羽根の街頭募金」は30％。なお「ボランティア団体，NPO」への寄付はまだ1.5％であった。

　②「どのくらい寄付をしましたか」の質問では，一人当たりの合計の平均寄付額は5,771円とこれはかなり多い。うち共同募金には平均で714円。赤い羽根募金では499円までがもっとも多く41％，500円から999円が36％，2,000円までが16％となっている。

　③「共同募金の理解度」に関する質問では，理解度が低く，それも前回の95年調査よりも下がっていることがわかる。共同募金の実施主体について「知っていた」のは30％（前回は33％）。「共同募金の寄付に税制上の優遇措置があること」を「知っていた」のは19％（22％）にとどまる。「目的や使い途についての説明を見聞きした」のは52％（59％）とようやく過半数。「共同募金は民間の活動」を「知っていた」のは39％，「民間の社会福祉の活動に使う」ことを「知っていた」のは43％。

　理解度全体では10点満点で4.44で，前回よりも0.34低下している。

　④「共同募金をしたときに感じたこと」の質問では，「さわやか」が40％だが，「どのように使われているのか疑問」が33％，「強制感を感じた」のが11％で，両者合わせると44％とネガティブな受け止め方のほうが多い。

　⑤「あなたは身近な場所で，共同募金の寄付金が有効活用されている施設・団体をご存知ですか」という質問には，「知っている」としたのが17％。ほとんど知られていないという結果である。

　⑥「共同募金の使い途について，地域の住民が意見を出し合う場があったほうが良いですか」については，55％が「良い」としている。

　全体を通して，共同募金をだれが行っているか，どのように使われているか，などについて知られていないことが鮮明である。そのために，疑問を持ちながら，強制的に徴収されているという，「ボランタリーな寄付活動」とはいえない状況である。この状況では，共同募金に積極的に参加する人は，その効用を

知っている少数の人に限られ，多くの市民（おそらく半数）からは敬遠されることは当然である。

3) 共同募金の改革提案への提案

中央共同募金会は，2007年5月に『地域をつくる市民を応援する共同募金への転換』という企画・推進委員会答申をまとめた。これは，中央共同募金会第164回評議員会申し合わせとなっている。主な内容は，次のとおりである。

① 共同募金の実績額が毎年度3〜4％減少していること。そして共同募金としての機能低下や募金の減少の一因に組織運営の弱体化がある。市民参加による地域福祉を進める団体が増えてきた今こそ，共同募金が本領を発揮するチャンスである。

② そのためにまず運動体としての性格や機能の強化が必要である。市町村組織の機能を強める。具体的には，市民参加の「市町村共同募金委員会」を設置し，実質的な助成先の選定を行う「審査委員会」を置く。

③ 合わせて都道府県・全国のキャンペーン型の運動体としての活動を強化する。

この15年の市民の「共同募金離れ」を，共同募金会の運動体としての性格や機能の強化によって克服しようとする企画・推進委員会の意気込みは評価できる。特にNPOや社会福祉施設，自治会，企業などの参加を得た「市町村共同募金委員会」の設立と，その委員会の社会福祉協議会との連携は実現すべきものである。また配分金の実質的決定を市町村レベルで審査する「審査委員会」の設置も是非すすめたい。

第9節　おわりに──地方交付税への「地域福祉費」の算入を

これまで，限られた範囲ではあるが，小地域福祉の財源問題についてみてきた。「CSWなど専門職に対する一般財源の確保」「国や府県のモデル事業特定財源など補助金の確保」「新しいモデル事業と地域外資源の動員」「地域福祉基金の造成と活用」「生活協同組合の組合員基金との連携」「共同募金の再生と地

域福祉への活用」など，である。

　この他には，地域福祉推進のための「地方税の超過課税」や「自主課税」の検討も行われてよい。それはちょうどグリーンコープなどの「100円基金」のように，薄く広く，住民に課税することを住民自身が選択することを意味する。このタイプの自主課税には，高知県から始まった「森林税」（住民税の均等割りに年間500円を上乗せする）が参考になる。この自主課税は，森林税の場合は「森林保全基金」などに積み立て，間伐などの資金に充当しているが，「地域福祉税」の場合にも，先に検討した「地域福祉基金」に積み立てることとするほうがよい。すなわち，この追加的増税は確実に地域福祉に充てられることを明示しなければ，住民の納得を得にくいからである。また，「ふるさと納税」の仕組みの活用や，「ネット寄付」の利用の検討も必要であろう。

　最後に，普通地方交付税に「地域福祉費」の行政費目を新設することを提案したい。現在の普通地方交付税の算定に用いる基準財政需要額算定については，社会福祉費系統では「厚生労働費」として中項目があり，その下に「生活保護費」「社会福祉費」「保健衛生費」「高齢者保健福祉費」が立てられている。このうち，「社会福祉費」の需要額を測定する数値は「保育所入所人員」「前年度保育所延べ保育所入所人員」「前年度保育所支弁費」など5項目あるが，すべて保育所系統である。

　「高齢者保健福祉費」は，2000年度に介護保険が導入されたのに伴って新設された項目である。

　いずれにしても現在，「地域福祉費」という需要額算定項目はない。「地域福祉費」については，市町村や都道府県にあっても，予算科目として独立しているところも少なくないと思われるが，その歴史は浅いと考えられる。伝統的には，老人福祉費，児童福祉費，障がい者福祉費，生活保護費，母子福祉費という縦割りの予算科目が踏襲されている場合が多いのではないか。その中で，「地域福祉費」を立ち上げている場合もあろうが，これを大きく育てていかなければならない。

　そのためにも，交付税の需要額項目に「地域福祉費」を創設する必要がある。

介護保険では「高齢者保健福祉費」を立ち上げているのだから，福祉の総合化を進める中心的施策として「地域福祉費」を立ち上げることが求められる。

〈付　記〉
　本章は，2009年3月，日本生命済生会発行の地域福祉学会『地域福祉研究』第37号の澤井勝「小地域福祉とその財源」をベースに加筆，修正したものである。また，2010年5月，日本地域福祉学会『地域福祉実践研究』創刊号の所正文「堺市社協における地域福祉発展戦略としてのコミュニティソーシャルワークの推進」松端已文コメント，2014年3月，日本生命済生会発行『地域福祉研究』第42号の所正文「コミュニティソーシャルワーク機能による主体性を高める地域包括ケアの実践」，及び2018年5月『地域福祉実践研究』第9号の守屋紀雄「堺市社協における生活困窮者自立支援相談事業3年間の実践まとめ」などを参照している。

参考文献
角田芳伸（2008）「市町村社会福祉協議会における経営戦略のための社協改革に関する課題と展望─Ⅰ」『羽場短期大学紀要』第8巻第2号，2008年2月
京都市社会福祉協議会（2019）「組織・事業について」http://www.syakyo-kyoto.net/shisyakyo/soshiki.html（2019年1月5日閲覧）
堺市社会福祉協議会（2019）「社会福祉法人堺市社協のご紹介」http://www.sakai-syakyo.net（2019年1月5日閲覧）
澤井勝（2009.3）「小地域福祉とその財源」地域福祉学会『地域福祉研究』日本生命済生会，第37号
社会福祉法令研究会（2001.10）（編集代表古都賢一）（『社会福祉法の解説』中央法規，参照。特に「第10章　地域福祉の推進」。
全国社会福祉協議会（2018）『アニュアルレポート（年次報告）2017-2018』
中央共同募金会（2019）「中央共同募金会について」http://www.akaihane.or.jp/chuo/（2019年1月7日閲覧）
所正文（2014.3）「コミュニティソーシャルワーク機能による主体性を高める地域包括ケアの実践」『地域福祉研究』日本生命済生会，第42号
松端已文（2010.5）「コメント：所正文『堺市社協における地域福祉発展戦略としてのコミュニティソーシャルワーカーの推進』」『地域福祉実践研究』日本地域福祉学会，創刊号
守屋紀雄（2018.5）「堺市社協における生活困窮者自立支援相談事業3年間の実践まとめ」『地域福祉実践研究』第9号

第4章 社会福祉法の改正と新地域福祉計画の位置
―地域共生社会の政策動向と地域力強化検討会から―

第1節　地域共生社会の政策動向

　地域共生社会とは何かを考えるとき，5つの視点がある。① 理念として，② 実践・運動として，③ 福祉ニーズや社会の変化として，④ 研究として，⑤ 政策としての切り口である。ある意味，地域で共生することはノーマライゼーションに代表されるように古くからいわれてきたことでもあり，一方で極めて今日的な政策課題でもある。

　本章では，地域福祉政策として地域共生社会をとらえ，「地域における住民主体の課題解決力強化・相談支援体制の在り方に関する検討会（以下，地域力強化検討会とする）」での協議を踏まえ（筆者は検討会座長を務めた），政策の方向性と具体的な社会福祉法の改正，とりわけ第107条の地域福祉計画[1]を中心に複眼的に整理する。

(1) 地域共生社会の社会的文脈

　まず，地域共生社会が政策として位置づけられた社会的文脈を押さえておく必要がある。2013年8月「社会保障制度改革国民会議」は「21世紀（2025年）日本モデル」を提唱した。このモデルによって，すべての世代を対象とした相互の支えあいの仕組み，地域づくりとしての医療・介護・福祉・子育てという「21世紀型のコミュニティの再生」を打ち出した。

　その後，2015年9月，厚生労働省は「全世代・全対象型地域包括支援体制」という新しい福祉の提供ビジョンを発表する。これまでの高齢者を対象にした地域包括ケアの考え方を「深化」させ，すべての地域住民を包含した地域による支えあうという「丸ごと」の体制を構築しようというものである（図4-1）。

　ここでは，① 包括的な相談から見立て，支援調整の組み立て＋資源開発，

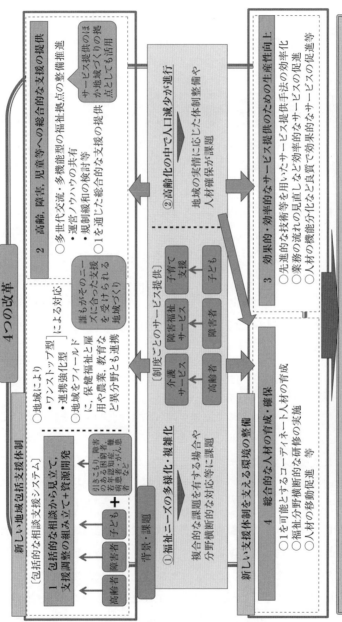

図 4-1 新たな時代に対応した福祉の提供ビジョン

(出所) 平成27年9月 厚生労働省「新たな福祉サービスのシステム等のあり方検討PT」報告

②高齢，障害，児童等への総合的な支援の提供，③効果的・効率的なサービス提供のための生産性向上，④総合的な人材の育成・確保という4つの改革の方向性が示された。そのことによって，地域住民の参画と協働により，誰もが支え合う共生社会を実現するという新しいビジョンが動き始める。

さらに安倍政権は持続的な経済成長を維持していくために「ニッポン一億総活躍プラン」(2016年6月2日閣議決定) を示した。ここでは，「包摂と多様性による持続的成長と分配の好循環」をめざすとされている。その際に「安心につながる社会保障」として，地域共生社会の実現が位置づけられた。これに基づき，厚労省は大臣を本部長にした「地域共生社会実現本部」を設置 (2016月7月15日) して，省庁をあげての検討が始まった。

また，厚労省では「我が事・丸ごと」地域共生社会実現本部を設置している。本部長には大臣があたり，局を横断して3つのワーキングチームが設けられた。さらに「地域における住民主体の課題解決力強化・相談支援体制の在り方に関する検討会（地域力強化検討会）」が設けられ，2016年10月4日に初回の会合が持たれた。検討会は12月26日には「中間とりまとめ」を公表し，議論の方向性を示している。その内容をもとに社会福祉法改正案が検討された。2017年2月に国会に法案提出の後も並行して検討が進められ，具体的な内容について論議された（図4-2）。

地域力強化検討会には多くの現場実践者が委員として就任していたことから，その実践知を引き出すことを目的に，国の会議としては異例ではあったが，ワークショップ形式を3回も導入して検討を重ねた。ワークショップは検討会の構成員だけではなく，厚労省の官僚もメンバーとなり，共に協議することができた。それによって，最終とりまとめのコンセプトを共有したことは大きな成果であった。2017年8月21日に第10回目の検討会が開催され，「最終とりまとめ」が承認された。その後，9月12日に厚労省より公表された（図4-3）。

最終とりまとめは，総論・各論・終わりにという3部構成になっている。社会福祉法の法改正を踏まえて，第106条の3，第107条，第108条について，より実践的かつ具現的にまとめられたのが「各論」である。理念的なことは「総

図4-2 地域力強化検討会中間とりまとめの概要〜従来の福祉の地平を超えた、次のステージへ〜

[現状認識]
・少子高齢・人口減少
→地域の存続の危機
・人、モノ、お金、思いの循環が不可欠
・課題の複合化・複雑化
・地域的孤立・社会的排除
・地域福祉力の脆弱化

[進めている取組]
・地方創生・地域づくりの取組
・生活困窮者自立支援制度による包括的な支援

[今後の方向性]
・地域づくりの3つの方向性＝互いに影響し合い、「我が事」の意識を醸成
①「自分が・家族が暮らしたい地域を考える」という主体的・積極的な取組の広がり
②「地域で困っている課題を解決したい」という気持ちで活動する人が暮らしやすい地域づくり
③「一人の課題」について解決する経験の積み重ねによる誰もが暮らしやすい地域づくり
・生活上生じる課題は生活、子育て、障害、病気等から、住まい、就労、家計、孤立等に及ぶ
→くらしとしごとを丸ごと支える
・地域の持つつながり・包括的な支援体制が協働して初めて安心して暮らせる地域に

1. 「住民に身近な圏域」での「我が事・丸ごと」
○地域人事を「我が事」に変える働きかけをする機能が必要 [1]
・どのような地域に住みたいかを話し合える土壌
・「楽しい」「やりがいがある」取組への地域住民の参加
・深刻な状況にある人に対して「自分たちで何かできないか」と思える意識

○複合課題を「世帯丸ごと」「とりあえず丸ごと」で受け止める場を設けるべき [2]
・表に出にくい深刻な状況にある世帯に早期に気付ければ、自ら解決する住民
・しかし、支援につなげられる体制がなければ、気になりながらも声をあげることができないままになるを得ない
・例えば、地区社協、市区町村社協の地区担当、地域包括支援センター、地域子育て支援拠点、利用者支援事業、社会福祉法人、NPO法人等

2. 市町村における包括的な相談支援体制
○住民に身近な圏域で「丸ごと」の相談に対応
・多様・複合課題は福祉のほか、医療、保健、雇用、就労、司法、産業、教育、家計、権利擁護、多文化共生等多岐にわたる連携体制が必要
・制度の狭間＝地域住民と協働して新たな社会資源を見つけ出し、生み出す

○協働の中核を担う機能が必要 [3]
・例えば、生活困窮者自立相談支援機関に関わる課題は。生活困窮者自立支援制度で把握された「丸ごと」の相談は、生活困窮者自立相談支援機関のほか、自立相談支援機関が設置されていない自治体では生活保護の課題は、「多機関の協働による包括的支援体制構築事業」（28年度5億円）
自立相談支援機関による包括的な支援体制の実施、地域力強化推進事業、地域包括支援センター、社協、社会福祉法人、医療法人、NPO、行政と、様々な機関に期待される。
※平成28年度に26自治体で実施。平成29年度は各自治体の議論に資すべく、財源のあり方等について具体的に検討すべき。

3. 地域福祉計画等法令上の取扱い
○地域福祉計画の充実
○1、2の「我が事・丸ごと」の体制整備を記載・地域福祉計画策定を義務化、PDCAサイクル徹底すべき・地域福祉計画の上位計画としての位置付け
○地域福祉の対象となる方の進展を社会福祉法に反映すべき
○福祉サービスを必要とする就労や孤立の解消等も対象
・支援を受け手側に分かれないか（一億プラン）
○守秘義務に伴う課題に法制的な対応を含め検討
○守秘義務を有する者が、住民の協力を得ながら課題解決に取り組む場合、住民との間で個人情報の共有が難しい

4. 自治体等の役割
○自治体組織も、福祉部局の横断的な体制、保健所等を含めた包括的な相談体制の構築を検討すべき
○どのような形で作るかは、自治体により様々な方法
○分野ごとの財源が縦割されている財源の活用や、別途の財源の議論も含めた新たな相談体制のあり方等について具体的に検討すべき。

(出所) 平成27年9月 厚生労働省「新たな福祉サービスのシステム等のあり方検討PT」報告

第4章 社会福祉法の改正と新地域福祉計画の位置 67

総論（今後の方向性）
◆ 地域共生社会を文化として定着する挑戦
◆ 専門職による多職種連携、地域住民等との協働による地域連携
◆「点」としての取組から、有機的に連携・協働する「面」としての取組へ

◆「待ち」の姿勢から、「予防」の視点に基づく、早期発見・早期支援へ
◆「支え手」「受け手」が固定されない、多様な参加の場、働く場の創造

各論1　市町村における包括的な支援体制の構築

[1] 他人事を「我が事」に変えていくような働きかけをする機能
○3つの地域づくりの方向性の促進に向けた取組の例
・福祉、医療、教育、環境、農林水産、観光などの各分野と協働し、分野を超えるつながりを、分野を超えた協働を進めていく役割を果たす人をより多く見つけていく。
・障害者や認知症、社会的孤立等の人を地域の中から多く見つけていく。
・地域から排除されがちな課題について、ソーシャルワーカーが専門的な対応をしつつ、徐々に地域住民と協働していくといった取組を積み重ねる。そうした取組を当事者のアドバイザー等に配慮した社会貢献活動等

第106条の3
第1項第1号

○地域力強化を実施した支援の例
・事業の一体的実施による各分野の補助金等の柔軟な活用、共同募金における「テーマ型募金」や市町村共同募金委員会の活用、クラウドファンディング、SIB、ふるさと納税、社会福祉法人の地域公益的取組、企業の社会貢献活動等

[2] 複合課題丸ごと「世帯丸ごと」とりあえず丸ごと受け止める場
○住民に身近な圏域において丸ごと受け止める場の整備についての留意点
・担い手を定め、分かりやすい名称を付与するなど、広く住民等に周知。

第106条の3
第1項第2号

例1：地域住民による地域での「丸ごと」相談（住民プロ）やCSWの専門的相談窓口の設置
例2：地域包括支援センターやワンストップサービスの相談窓口等を設置するとともに、民生委員等を配置し、各専門的相談窓口からつなげる方法
例3：診療所や病院のソーシャルワーカーなどが過疎地域等において多様な相談を受け止めていく方法

[3] 市町村における包括的な相談支援体制
○市町村における包括的な相談支援体制の構築にあたっての留意点
・支援チームの構成、本人の意思の尊重、本人のニーズに応じて新たな支援の場をつくる。
・支援チームによる個別事案の検討や、資源開発のための既存の機能拡充、②地域ケア会議などの既存の場を担う者が既存の場や参加の場を担う者を地域に見出していく。
・生活困窮者支援の実践で培われた、働く場や参加の場を創造し、福祉の領域を超えた地域づくりを推進

各論2　地域福祉（支援）計画

○各福祉分野に共通して取り組むべき事項の例
・福祉以外の様々な分野（まちおこし、産業、農林水産、土木、防災、社会教育、環境、交通、都市計画等）との連携に関する事項
・障害、子ども等の各福祉分野のうち、特に重点的に取り組む分野との連携のあり方
・高齢、障害、子ども等の各福祉分野横断的な福祉サービスの対応のあり方
・制度の狭間の問題への対応のあり方
・共生型サービスなどの分野横断的な支援のあり方
・居住に課題を抱える者・世帯への横断的な支援のあり方
・市民後見人の養成や活用、判断能力に不安のある人への金銭管理
・保佐人など、認知症の人等への成年後見制度の家庭内での虐待を含む人への対応や、関係づくりに着目した支援のあり方
・高齢者、障害者、児童に対する統一的な虐待への対応・関係づくり
・養育者が抱える生きづらさにも着目して実施するための支援のあり方
・福祉以外の分野・福祉以外の分野の複数の事業を一体的に実施していくための補助事業等の全庁的な調整機能等
・役所内の全庁的な調整機能等

○計画策定にあたっての留意点
・狭義の地域福祉計画の担当部局のみならず、計画策定を通して、部局を超えた協働の仕組みができるような体制をそろえる。
・他の福祉に関する計画との調和を図るなどの方法が考えられる。
・一体的に実施するなどの方法が考えられる。計画期間と一体的に策定することも考えられる。
・成年後見、自殺対策、再犯防止等の計画と一体的に策定することも考えられる。

各論3　自治体、国の役割

○市町村→包括的な支援体制の整備について、責任をもって進めていく。地域福祉計画を関係者と合意し、計画的に推進していくことが有効
○都道府県→単独の市町村では解決が難しい課題への支援や体制の構築、市町村への独自施策の助言
○国→指針等の作成、立案、市町村の人材育成、プロセスを重視した評価指標の検討、財源の確保・あり方についての検討

図4-3　地域力強化検討会最終とりまとめの概要～地域共生社会の実現に向けた新たなステージへ～

（出所）平成27年9月　厚生労働省「新たな福祉サービスのシステム等のあり方検討PT」報告

論」でまとめ，今後の課題について「終わりに」に記載されている。よってこの最終とりまとめは，①「中間とりまとめ」，②改正社会福祉法，③「最終とりまとめ」を3点セットで理解しなければ全体像がつかめない。

(2) 地域共生社会を構成する4つの軸

政策としての地域共生社会を考えるとき，4つの軸がある。

ひとつは，地域包括ケアシステムの考え方である。地域包括ケアシステムを介護保険制度による高齢者だけに限定せずに対象を広げていこうという方向性である。まさに「0歳～100歳の地域包括ケアシステム」を構築していこうという取り組みである。各地で地域包括ケアシステムの構築にむけた取り組みの中で，65歳以上に限定することはおかしいという地域住民の声もある。ただし「地域における医療及び介護の総合的な確保の促進に関する法律」第2条では地域包括ケアシステムについての定義が示され，ここでは「高齢者」に限定されている。よって地域包括ケアシステムの法的定義からすれば，この用語は用いることができず，改正社会福祉法では，全世代・全対象にする「包括的支援体制」が定義された（図4-4）。

2つ目は，生活困窮者自立支援制度からの流れである。社会的孤立，制度のはざま，伴走型支援，生活困窮者支援を通じた地域づくりといった視点や理念が軸になっている。この点については後述するが，対象を限定せず，アウトリーチ（申請主義を乗り越え）を基本にして，必要な個別支援と地域支援を総合的に展開するといったコミュニティソーシャルワークを軸とした地域共生社会の支援のあり方である。

そして3つ目は，地域福祉の理論と方法である。2000年「社会的な援護を要する人々に対する社会福祉のあり方に関する検討会」（座長 阿部志郎）の報告書では，ソーシャル・インクルージョンというEUの政策目標を紹介し，日本においての今日的な「つながりの再構築」の必要性をもとに，「全ての人々を孤独や孤立，排除や摩擦から援護し，健康で文化的な生活の実現につなげるよう，社会の構成員として包み支え合う（ソーシャル・インクルージョン）ための

第 4 章　社会福祉法の改正と新地域福祉計画の位置　69

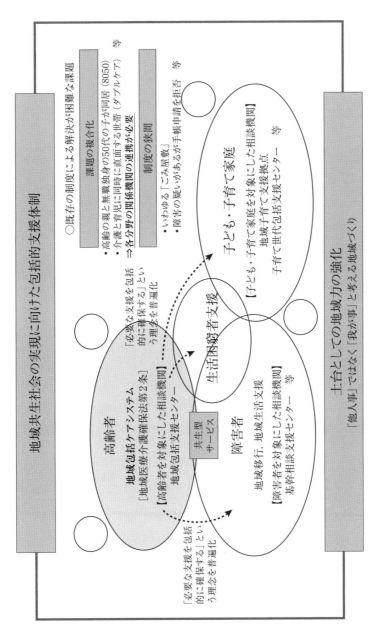

図 4-4　地域共生社会の実現に向けた包括的支援体制

（出所）平成27年9月　厚生労働省「新たな福祉サービスのシステム等のあり方検討PT」報告

社会福祉を模索する必要がある」としている。

　2008年「これからの地域福祉のあり方に関する研究会」(座長　大橋謙策) は，基本的な福祉ニーズは公的な福祉サービスで対応する，という原則を踏まえつつ，「地域における多様な生活ニーズへの的確な対応を図る上で，成熟した社会における自立した個人が主体的に関わり，支え合う，地域における『新たな支え合い』(共助) の領域を拡大，強化することが求められている」と指摘した[2]。まさに「生活困窮者支援」で議論されてきた「第2のセーフティネット」とは，この新たな支え合いと同軸のものである。こうした地域福祉研究の積み重ねのうえに，地域力強化検討会の報告を位置づけることで，流れがみえてくる。

　さらに4つ目として，地域共生社会を貫くのは，ノーマライゼーションをはじめ共生社会を権利として位置づけてきた障害者運動の流れである。障害者基本法では，第一条に「全ての国民が，障害の有無によつて分け隔てられることなく，相互に人格と個性を尊重し合いながら共生する社会を実現する」とある。このことは，障がいの有無だけのことではなく，年齢や国籍，性別などを越えて普遍的にいえることであり，まさに権利としての地域共生社会を捉えていかなければならない。

(3)　**地域共生社会が求められてきた背景**

　「中間とりまとめ」では，地域共生社会が求められる背景として，4つのことが議論された。ひとつは少子高齢社会に加えて，深刻な「人口減少社会」の到来に関してである。40年後の2060年には3分の1の人口が減り，約8,000万人になると推計される。消滅可能性都市，限界集落といった指摘もされているように，このことは経済，地域社会，社会保障，財政にも大きく影響を及ぼし日本社会は変わらざるを得なくなっていく。

　2つ目に「課題の複合化・複雑化」である。「8050」といった80代の高齢者の介護の問題と50代の引きこもりの問題がひとつの世帯で生じているという実態は各地にある。最近では「805020」と三世代にわたった問題を抱えている世

帯のニーズも報告されている。一方で，親の介護と子育てを同時に行わなければならないといったダブルケアの問題も増加している。さらに生活困窮などは複数の問題が重なり合って，生活のしづらさを複雑にしている状況もある。

　こうした問題の背景には，3つ目として「社会的孤立」がある。社会的孤立とは，①家族からの孤立，②近隣社会からの孤立，③集団，組織からの孤立，④情報からの孤立，⑤制度・サービスからの孤立，⑥社会的役割からの孤立といった側面がある。このことが折り重なって強度になることで，生きる意欲の喪失，セルフネグレクト状態に陥り，やがて長期化することで地域からの排除につながることも生じる。

　そして4つ目は「地域の福祉力の脆弱化」である。担い手がいないというだけではなく，地域活動への意識も含めて，ボランタリーな意識が醸成されていないこと。新自由主義のもと自分さえよければいい，あるいは自己責任という利己主義が蔓延していること。それ以上に格差社会の進展により活動そのものができない状況を生み出していることなどがあげられる。また別の視点でいえば，そもそも地域にあった福祉力を奪ってきたのは誰かという問題もある。つまり福祉の制度やサービス，福祉専門職が地域の支えあう力を奪ってきたのではないかという反省も必要である。

　これに加えて，地域力強化検討会ではそもそも「地域」には2つの顔があるということが何度も指摘された。地域の中で受け止められ，支えられるという優しい側面と，地域から排除され抑圧されるという冷たい側面がある。むずかしいのはそのことが同時に起こることである。地域はユートピア（理想郷）ではない。しかし人が生活していく上で大切な空間である。この二面性があることを前提に地域をみておく必要がある。一方的な期待感，もしくは絶望感だけでは偏ってしまう。共生が強制され，「我が事」として安易に地域に押しつけることではないという意見は当初から検討会のなかで指摘されてきたことである。

第2節　社会福祉法の改正と地域力強化検討会の協議

　社会福祉法第4条は，社会福祉基礎構造改革の象徴的な方向性として「地域福祉の推進」を位置づけた条項である。第1項では，理念が規定されている。今回の法改正では，新たに第2項が加わった。この中で「地域生活課題」について定義された。地域福祉とはこの地域生活課題を把握し，関係者が連携して，その解決にあたるものとされた。

　地域生活課題とは，個人とその世帯が抱えている，① 福祉，介護，介護予防，保健医療，住まい，就労及び教育に関する課題，② 福祉サービスを必要とする地域住民の地域社会からの孤立の課題，③ 福祉サービスを必要とする地域住民が日常生活を営み，あらゆる分野の活動に参加する機会が確保される上での課題である。

　従来のように個人だけではなく，複合的にその世帯が抱えている課題をとらえ，家族支援を前提にする。その上で，福祉や介護，保健，医療だけではなく，住まい，就労，教育まで広げて地域生活課題を認識することが重要になる。ただしこれだけであれば生活課題といってもいいのであるが，検討会では，社会的孤立や社会参加の機会の確保，つまり社会的包摂や合理的配慮の課題などを含めて「地域生活課題」として認識していく必要性が指摘された。

　また，従来の第4条では，① 地域住民，② 社会福祉を目的とした事業を経営する者，③ 社会福祉に関する活動を行う者（以下，地域住民等）という三者が相互に協力し，地域福祉の推進に努めなければならないとされていた。そこに国及び地方公共団体は含まれていなかった。地域共生社会は地域住民などに「丸投げ」することでも，「我が事」として押しつけられるものでもない。地域力強化検討会では，地域福祉の推進における公的責任を問う意見が出された。そうした議論を踏まえて，第6条第2項では国及び地方公共団体の責務として，「地域住民等が地域生活課題を把握し，支援関係機関との連携等によりその解決を図ることを促進する施策その他地域福祉の推進のために必要な各般の措置を講ずるよう努めなければならない」とされた。その点では，地域福祉の推進

が三者関係から，四者関係という新しいステージに移行したともいえる。行政が地域福祉を推進するにあたって，これまでの行政組織による縦割りの弊害を克服していくための，横断的な組織再編も含めた検討が必要になっていこう。具体的には地域福祉の視点からの企画や調整機能，総合相談支援ができる機能を展開できる組織であることが重要になる。

また，この間の社会福祉法人制度改革を踏まえて，第5条には，社会福祉を目的とする事業を経営する者は，地域福祉の推進に係る取り組みを行う他の地域住民等との連携を図ることが，追記された。

第106条の3では「市町村は，次に掲げる事業の実施その他の各般の措置を通じ，地域住民等及び支援関係機関による，地域福祉の推進のための相互の協力が円滑に行われ，地域生活課題の解決に資する支援が包括的に提供される体制を整備するよう努めるもの」と定められた（図4-5）。

ここで留意しなければならないのは，「地域住民等」という概念である。繰り返しであるが，ここでいう地域住民等とは，第4条で規定されている三者を含み，第5条でいう社会福祉法人なども含めてのことであるからして，決して地域住民だけのことではない。これからは行政が，地域住民等と協働して，包括的支援体制を整備するのである。

この包括的支援体制を整備する際に，第107条で地域福祉計画が位置づけられている。検討会では，この計画策定を義務づける必要があるという意見が多かったが，結果として義務化には至らずに努力義務規定になった。未だ3割の市町村が未策定で，かつ都道府県によってその策定率の差が大きい[3]。都道府県によっては，県内の市町村の策定率が100％のところが12府県もある一方で，40％台のところもある。県が地域福祉支援計画を策定していないところもあり，都道府県によって2.3倍もの差があるのが実態である。その意味では，第108条を先行して義務化し，まずは都道府県の基盤と支援施策を整えていく必要がある。とくに市町村を越えた広域事業や医療計画との整合性など，地域福祉支援計画で仕組みを作っていく必要性がある。

以上のように第4条，5条，6条，106条の関連を持って，第107条の地域福

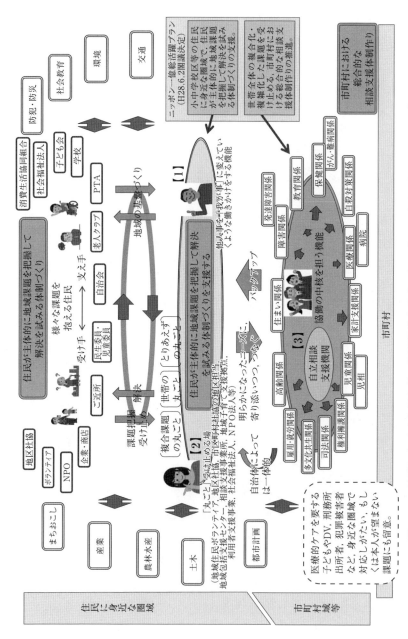

図4−5 厚生労働省「新たな福祉サービスのシステム等のあり方検討PT」報告

(出所) 平成27年9月 厚生労働省「新たな福祉サービスのシステム等のあり方検討PT」報告

祉計画の改正を捉えておく必要がある。つまり今回の改正によって、地域共生社会にむけて具体的に「地域生活課題」が示され、その把握と連携、解決に向けて行政の責務が明確になり、その役割を果たしていくために包括的支援体制を整備し、そのための地域福祉計画が求められたということである[4]。

第3節　改正地域福祉計画の内容について

　それらを踏まえて、改めて第107条の改正点については、以下の3点がある。
　1つ目は、努力義務規定になったこと。
　2つ目は、地域福祉計画が分野別計画の上位計画として位置づけられたこと。法律では「地域における高齢者の福祉、障害者の福祉、児童の福祉その他の福祉に関し、共通して取り組むべき事項」が加わった。
　3つ目は、地域福祉計画の進行管理（PDCA）が明確化されたこと。法律では「定期的に、その策定した市町村地域福祉計画について、調査、分析及び評価を行うよう努める」とされたことである。
　1つ目については先述した通りである。第107条だけではなく、第108条も含めて義務規定にしていく働きかけを継続していく必要がある。
　2つ目については、地域福祉計画をそのほかの分野別計画と横並びではなく、上位計画、あるいは基盤計画として位置づけるというものである。総合計画―地域福祉計画―分野別計画―個別支援計画（ケアプランなど）が体系的かつ整合性を持って策定されることが必要である。長野県茅野市や富山県氷見市など、すでに先駆的な自治体ではそうした構造で計画策定がなされてきた[5]。
　今日、市町村には福祉や保健に関する計画が複数ある。たとえば介護保険事業計画や高齢者福祉計画、障害福祉計画・障害者・児福祉計画、子ども子育て支援計画や保育計画、健康づくり計画や食育推進計画など、地方分権化にともない計画行政が進んできたからである。ところがそれぞれの計画が所管している部署がバラバラで、同じ市内のことにもかかわらず内容的にも整合性がとれていないことが多い。こうした分野別計画に、横串をさそうというのが、地域

福祉計画策定ガイドラインで示された「共通して取り組むべき事項」である（図4-6）。

① 様々な課題を抱える者の就労や活躍の場の確保等を目的とした，福祉以外の様々な分野（まちおこし，産業，農林水産，土木，防犯・防災，社会教育，環境，交通，都市計画，多文化共生等）との連携に関する事項
② 高齢，障害，子ども・子育てなどの各福祉分野のうち，特に重点的に取り組む分野に関する事項
③ 制度の狭間の問題への対応の在り方
④ 生活困窮者のような各分野横断的に関係する相談者に対応できる体制
⑤ 共生型サービスなどの分野横断的な福祉サービス等の展開
⑥ 居住に課題を抱える人・世帯への横断的な支援の在り方
⑦ 就労に困難を抱える人への横断的な支援の在り方
⑧ 自殺対策の効果的な展開も視野に入れた支援の在り方
⑨ 市民後見人等の育成や活動支援，判断能力に不安がある者への金銭管理，身元保証人など，地域づくりの観点も踏まえた権利擁護の在り方
⑩ 高齢者や障害者，子どもに対する統一的な虐待への対応や，家庭内で虐待を行った介護者・養育者が抱えている課題にも着目した支援の在り方
⑪ 保健医療・福祉等の支援を必要とする犯罪をした者等への社会復帰支援の在り方
⑫ 地域住民等が集う拠点の整備や既存施設等の活用
⑬ 「我が事・丸ごと」の地域づくりを進めるための圏域と，各福祉分野の圏域や福祉以外の分野の圏域との考え方・関係の整理
⑭ 地域づくりにおける官民協働の促進や地域福祉への関心の喚起を視野に入れた寄附や共同募金等の取組の推進
⑮ 地域づくりに資する複数の事業を一体的に実施していくための補助事業等を有効に活用した連携体制
⑯ 役所・役場内の全庁的な体制整備

図4-6 地域福祉計画に記載する各福祉分野に共通して取り組むべき事項の例
（出所）平成27年9月　厚生労働省「新たな福祉サービスのシステム等のあり方検討PT」報告

ここで示された16の項目については，それらを包含する諸計画が各法律に位置づけられている場合もある。たとえば，成年後見制度利用促進法に規定される市町村計画，住宅確保要援護者賃貸住宅供給促進法による市町村供給促進計画，自殺対策基本法による地域自殺対策計画，再犯の防止等の推進に関する法律による地方再犯防止推進計画，子どもの貧困対策の推進に関する法律による

子どもの貧困対策計画等である。こうした計画の内容は地域生活課題の解決をふくむ地域福祉の推進と共有すべき項目が多くあり，地域福祉計画との整合性が求められる。しかしながら，行政内のどこの部署が当該計画を担当するかで連携の仕方は大きく異なってくるし，今の段階では地域福祉計画と一体的に計画化が検討されているとはいえない。

　新しい地域福祉計画を策定していくためには，狭義の地域福祉計画の担当部局のみならず，計画策定を通して，部局を超えた協働の仕組みができるような体制をとることが求められる。具体的には他の福祉に関する計画との調和を図る方法として，計画理念や方向性を一致させたり，策定委員会の構成員の工夫，計画期間の調整，各事業内容の重複や整合性を図ったり，協働による推進体制をつくるなどの方法が考えられる。

　つまり，上位あるいは基盤計画としての地域福祉計画の策定にあたっては，こうしたことを多面的に協議できるようなプラットフォームを用意しておく必要がある。社会福祉法第1条には「地域における社会福祉（以下，地域福祉という）」とされている。すなわち市町村における社会福祉の総称が地域福祉であるとするならば，そのためには各分野を含めた多くの関係者が地域福祉計画の策定に関わることが望ましく，その空間がまさに地域福祉推進のプラットフォームとなる。

　3つ目の進行管理については，今後の研究課題でもある。進行管理の必要性は従来から語られてきたが，地域福祉計画のむずかしさはタスクゴールだけではない。数値目標による達成度だけではなく，地域福祉活動によるプロセスゴールを大切にしていくこと。ただし，このプロセスを客観的に評価するために，ベンチマーク方式やプロジェクト方式，あるいはプログラム評価の視点などが導入されたが，十分に成果が得られたとはいえない。また何よりもリレーションシップゴールなどアウトカム評価が地域福祉には求められるが，そのことに向けた指標化などの研究は着手されたばかりである。いずれにしても今回の改正では，定期的な調査，分析及び評価の必要性が明記されたことは特筆されることである。

第4節　改正地域福祉計画にかかわる「参加」について

　さて，このように改正された地域福祉計画に対して「参加」は，どのように考えられるのか。

　社会福祉法によって地域福祉計画が法定化され，2003年4月から施行されるのに先立ち，2002年1月に「市町村地域福祉計画及び都道府県地域福祉支援計画策定指針の在り方について（一人ひとりの地域住民への訴え）」が，社会保障審議会福祉部会から公表された。はじめて行政計画として策定される地域福祉計画にとって「住民参加」が如何に必要であるかを説明しているが，そこには次のような記述がある。「一人ひとりの地域住民に対して，社会福祉を限られた社会的弱者に対するサービスとしてではなく，身近な日々の暮らしの場である地域社会での多様な人々の多様な生活課題に地域全体で取り組む仕組みとしてとらえなおし，地域住民としてこれらの多様な生活課題に目を向け自発的，積極的に取り組んでいただけるよう訴えたい。また，社会福祉を消極的に単なる特定の人に対する公費の投入と考えるのではなく，むしろ福祉活動を通じて地域を活性化させるものとして積極的な視点でとらえていただけるよう強く訴えたい」と。

　この内容は，社会福祉基礎構造改革で，これから地域福祉が必要とされる提言を踏まえ，従来の社会福祉からの脱却を意図し，それ故に地域福祉という思想，価値をそれぞれの地域で具現化していこうとする理念を，地域福祉計画の策定過程を通して形作ることを「訴えて」いるのである。

　とはいえ策定主体になる行政側にすれば，どう策定すればいいのか具体的なマニュアルが必要になる。そこで策定指針として住民参加を促し計画策定する過程を3段階・8手順に整理している。ここでは，ゴールドプランなどで策定してきた高齢者保健福祉計画などでニーズ推計をしてきた手法とは異なる「住民参加」が強調された。

　また策定指針では，こうした主旨から「外部のコンサルタント会社に策定を請け負わせるようなことがあってはならないことは当然である」と明記された。

にもかかわらず，自治体によっては住民参加による計画策定の経験がないことや担当できる職員がいないことを理由に，コンサルタント業者に策定業務を委託してきたところもある。また，そのための予算が捻出できないからという理由で，結果として計画策定を拒んできたところもある。いずれにしても，なぜ地域福祉計画が必要で，その策定過程に住民参加が求められているのかの共通理解が不十分であったといえる。もしくは従来の行政手法からすれば，住民参加を求めること自体に反対の立場もあったのかもしれない。

さて今回，地域共生社会を実現していくという視点から，改正地域福祉計画のあり方を捉えたときに，この「住民参加」の主旨については，2002年の指針で求められた内容と変わっていないといえる。むしろ当時求められた内容が，どこまで地域福祉計画の進行管理によって実現されてきたのか。その到達度を測るベンチマーク的な指標としても，この指針は参考になる。その意味では地域福祉計画に携わる人たちは，この指針に立ち戻る意味がある[6]。

しかしながら，包括的支援体制を構築していくための改正地域福祉計画では，「住民参加」だけの策定では不十分である。先述したようなシステムを構築していくためには，少なくても「住民参加」に加えて，「専門職参加」と「職員参加」が必要になる。

「専門職参加」では，社会福祉法第106条の2を踏まえ，各分野の相談支援事業者が地域生活課題の把握と連携，解決に向けて，自治体ごとにどのような支援体制をつくるかを協議していかなければならない。たとえば，コミュニティソーシャルワークが展開できるシステム構築などは専門職が中心となって議論をしていかなければならない。そこでは共生型サービスなどの開発や，分野別の弊害である縦割りをなくし，制度の狭間といわれる問題にどう対応していくかといった専門職による社会資源開発を含めた検討が大事になる。またここでいう専門職には福祉保健の分野だけではなく，医療，司法や教育といった地域生活課題に応えていくすべての専門職が範囲となる。

「職員参加」とは，地域福祉担当の職員だけではなく，各分野別の計画担当者，また保健福祉分野だけではなく，住宅や教育，市民生活や都市計画などに

関わるすべての部署から職員が参加して行政連携をつくらなければならない。地域福祉計画策定における「共通して取り組むべき事項」は多岐の分野にわたる。

また市町村の行政職員だけではなく，都道府県の職員も含めた広域連携の課題もあろう。ハローワークや警察署，商工会関係者，農漁業関係者なども含めて地域づくりが検討されていくとした場合，その範囲は広がっていく。

大事なことは，地域福祉計画を策定するという過程を通して，地域福祉を推進するプラットフォームを構築していくことである。そのための「参加」である。かつ，ただ参加して終わるのではなく，構築されたプラットフォームによって，計画推進に向けて新しい支援や社会資源開発などが活性化できるように協働していかなければならない。すなわち協働をつくるための参加である[7]。

第5節　地域共生社会が目指す政策と課題

「最終とりまとめ」では，この改革を，国民皆保険制度を前提とした社会保険制度，措置から契約への介護保険制度の創設に次ぐ，戦後の第三の節目として位置づけた。

戦後築きあげられてきた生活保護制度や分野ごとの福祉制度，国民皆保険・皆年金の社会保険制度，措置ではなく契約に基づく介護保険制度とそれに連なる障害者総合支援制度，子ども・子育て支援新制度といった各分野でのきめ細かな支援体系を前提とした社会保障制度が成熟する一方で，そうした制度では必ずしも十分に対応することがむずかしい課題（世帯の中での課題の複合，制度の狭間の問題，社会的孤立や排除への対応，経済的な意味にとどまらない生活困窮の課題，自ら支援を求めることができない人や世帯への対応など）に直面している。

今回の地域共生社会の実現に向けた取り組みは，「縦割り」を越えた相談支援態勢，「支え手」と「受け手」が固定しない社会関係や制度づくり，「他人事」であった様々な課題を「我が事」としてとらえることができる地域づくりを目指すものである。そのために，地域住民の力と，社会福祉の様々な専門職，

保健・医療・教育・司法などの多職種連携，さらには地域の商業・サービス業，工業，観光，農林水産業，防犯・防災，環境，交通，都市計画といったまちづくりの関係者，そして地方自治体の力があいまって実現していく。

　再述になるが，その解決に向けて「地域生活課題」を位置づけ，協働による「包括的支援体制」を構築していくこと。そのために行政計画としての「地域福祉計画」を手段として用いることを規定したのである。

　しかし，地域共生社会を政策として推進する際に，今後の課題も山積している。ひとつには「人材」である。検討会では，ソーシャルワークの必要性を強調した。「中間とりまとめ」では，①制度横断的な知識を有し，②アセスメントの力，③支援計画の立案・評価，④関係者の連携・調整，⑤社会資源開発までできるような包括的な相談支援を担える人材が必要であるとした。

　社会保障審議会福祉部会福祉人材確保専門委員会でも，地域共生社会を担える社会福祉士の養成に向けてカリキュラム改革の必要性が提言された。それに則して，養成カリキュラムの見直しは行われたが，その活用や配置，処遇などについては検討がされていない。

　第二は，「地域づくり」の具体的な支援方策が十分でないことである。社会福祉法第106条の3－で，中間支援組織への支援や住民活動の拠点整備，福祉教育や地域福祉の環境整備などが明記されたことは大きな意義がある。しかし，具体的な事業化や評価指標などを検討しなければならない。

　第三に「財源」である。改正社会福祉法の附則に基づき必要な財源の確保策を検討することに加え，地域づくりを推進するための様々な財源のあり方については，十分に掘り下げることができなかった。「丸ごと」に対応できる補助金の在り方，また多様な協働によってファンドレイジングなど資金を創出する手立ても研究しなければならない。

　第四に，福祉行政の再編に向けた議論である。福祉事務所をはじめとした児童相談所や保健所も含めた公的機関のあり方，従来の縦割りから「丸ごと」に対応できる地域福祉行政への転換，そのための企画や調整力，補助金を再構築できるマネジメント力と権限，市町村と都道府県の役割の見直しと広域的な取

り組みの促進，社会福祉主事制度の見直しや専門職化の問題などを議論する必要がある。

第五に，将来的に「社会サービス法」なり「コミュニティケア法」といった地域での包括的支援を軸にした制度改革を検討していくか，あるいは「男女共同参画社会基本法」と同じような「地域共生社会基本法」を制定していくことも検討していかなければならない。

第6節　おわりに

改正された社会福祉法の附則では，公布後3年（2020年）を目途として，包括的な支援体制を全国的に整備するための方策について検討を加え，その結果に基づいて所要の措置を講ずることとされている。そこで厚労省では，「地域共生社会に向けた包括的支援と多様な参加・協働の推進に関する検討会」が設置（2019年5月）され，次期社会福祉法改正に向けた市町村における包括的な支援体制の整備のあり方，地域共生社会の実現に向け，中長期の視点から社会保障・生活支援において今後強化すべき機能について協議が始まった。

2019年7月19日には，「中間とりまとめ」が公表されている。その中では，従来の問題解決型支援に加えて，「つながり続けることを目的とするアプローチ」すなわち伴走型支援が提起された。具体的には，断らない相談支援，参加支援（社会とのつながりや参加の支援），地域やコミュニティにおけるケア・支え合う関係性の育成支援という3つの支援を示している。これらを通して包括的支援体制の構築を後押しする観点から，地域の多様なニーズに合わせて，分野・属性横断的に一体的・柔軟に活用することができ，かつ煩雑な事務処理を行うことなく支援を提供できるような財政支援のあり方が議論されている。

つまり，地域共生社会を実現するための改革は，地域共生社会実現本部が2017年に示した当面の改革工程で示されたように，2020年代初頭に向けた全面展開まで，まだ続くのである。それらを注視しながら，一方で本当に地域に適した改革になるよう，それぞれの自治体で多くの関係者による検討を進めてい

かなければならない。

注)
1) 地域福祉計画と参加をめぐる基本文献としては以下の2冊がある。
大橋謙策・原田正樹（2001）『地域福祉計画と地域福祉実践』万葉社
牧里毎治・野口定久編著（2007）『協働と参加の地域福祉計画』ミネルヴァ書房
2) 厚生労働省社会・援護局におかれた研究会報告書（2009）『地域における「新たな支え合い」を求めて─住民と行政の協働による新しい福祉』http://www.mhlw.go.jp/shingi/2008/03/s0331-7a.html（2019年8月1日閲覧）
3) 厚生労働省による調査結果。
平成30年4月1日現在，策定済みの市町村は1,316市町村（75.6％）。
43都道府県が策定済み。4県が未策定。
4) 地域福祉計画策定による自治や主体形成，ケアリングコミュニティについては以下の文献で整理している。
5) 地域福祉計画の策定過程を住民参加と行政の協働によるプロセスを記述したものとして長野県茅野市の取り組みは参考になる。
土橋善蔵・鎌田實・大橋謙策（2003）『福祉21ビーナスプランの挑戦』中央法規
全国社会福祉協議会「座談会─地域共生社会の実現にむけて　茅野市地域福祉計画の挑戦」『月刊福祉』2017年9月号
6) 原田正樹（2005）「コミュニティワークを地域住民の力へ─コミュニティワークの発展とこれからの戦略」『地域福祉研究』第33巻：32-41
7) このようなプログラム開発については，以下の報告書，書籍にまとめられている。
全国社会福祉協議会（2005）『「協働」による福祉のまちづくり推進のための人材養成のあり方研修プログラム』
武川正吾（2005）『地域福祉計画』有斐閣

参考文献
原田正樹（2014）『地域福祉の基盤づくり─推進主体の形成』中央法規
大橋謙策編著（2014）『ケアとコミュニティ』ミネルヴァ書房
原田正樹（2008）「地域福祉計画の策定とローカル・ガバナンス─地域住民の参加と協働から」『地域福祉研究』第36巻：16-27
原田正樹「地域共生社会の実現にむけて」『月刊福祉』2017年2月号：42-47
原田正樹「ケアリングコミュニティの構築をめざして」『月刊自治研』2017年9月号：16-22

本章は，以下の文献をもとに構想し今日的な動向を加筆している。

原田正樹（2017）「地域福祉計画と地域住民等の参加の諸相」『ソーシャルワーク研究』第43巻3号，相川書房：38-46

原田正樹（2018）「地域共生社会の理念とパラダイム」『地域共生社会に向けたソーシャルワーク』中央法規

第 5 章　包括的な支援体制の実際

第1節　市町村における包括的な支援体制の方向

　2017（平成29）年4月に社会福祉法が改正され，包括的な支援体制を構築することが市町村の努力義務として位置づけられた。ここでは，改正に至る経緯は詳述しないが，背景としては2000（平成12）年以降に構築してきた社会福祉の体制では解決できない課題が顕在化してきたことが挙げられるだろう。2000年以降，高齢者，障がい者，児童福祉においては，基本的に市町村が中心的な役割を担い，相談を受けとめ，支援へとつなぐ流れが構築されるようになっており（地域包括支援センター，相談支援事業所，児童家庭相談），それを各市町村が計画化して推進する体制（介護保険事業計画，障害福祉計画，子ども子育て支援事業計画）が一定程度整ってきた。また，各分野内での横断的な問題解決の場として，多様な関係者が協議する場がつくられるようになっており（地域ケア会議，地域自立支援協議会，要保護児童対策地域協議会），こうした協議の場では，関係機関が包括的な支援を実施するために，情報を共有し，個別ケースの検討を通じて地域の支援ネットワークを構築し，同時に個別課題から見えてくる地域課題を発見して，新たな社会資源の開発や政策形成につなげていく機能が期待されている。このように，高齢，障がい，児童のそれぞれの分野の中では，市町村を中心として関係者が包括的な支援を行うための体制整備，いいかえれば対象者別の包括化が進んできたといえる。

　もちろん，対象者別にこうした体制が整備されることは重要であるし，それを一層強化することも必要である。しかし，いわゆる制度の狭間といわれるような問題や分野をまたがるような複雑な課題を抱えた世帯の問題は，対象者別の福祉を充実させるだけでは解決ができないことも明らかになってきた。家族の規模が縮小し，職住分離がますます進み，グローバル化によって雇用環境が

大きく変化する中で，家族や地域社会，安定した雇用などとうまくつながれずに，複数の不利が重なることで社会の周縁に追い込まれてしまう社会的排除の問題が顕在化している。たとえば，若者や中高年男性の孤立無業状態は，家族や地域社会，企業といった中間集団の存在を前提に組み立てられてきたこれまでの日本の社会福祉制度では解決できない「制度の狭間」として認識される。また，こうした中高年の未婚の子と高齢者が同居し，親の年金などで暮らさざるを得ない状況は，8050問題と呼ばれクローズアップされるようになってきたが，複雑な困難を抱えた世帯の課題を「世帯全体の課題」として受けとめ，支援することも対象者別の福祉を整備するだけでは難しい。

　法律で規定された対象者別の相談支援事業やサービスを実施し，計画を策定し，協議することは，いわば「縦糸」である。制度の狭間や複雑な課題を抱えた世帯の問題を受けとめる分野横断的な包括的な支援体制は，総合相談，分野を横断して課題解決を図る協議の場，地域住民や民間社会福祉関係者による地域福祉活動といった「横糸」を通さないと完成しない。対象者別の制度福祉と異なり，この「横糸」には制度的な予算措置の担保がなかったため，地域福祉の推進は一部の先進的な市町村の取り組みにとどまっていた（永田 2018a）。

　2017年の社会福祉法改正でも，横糸にあたる包括的な支援体制の構築が市町村の努力義務として位置づけられたものの，法改正を受けて講じられているのは，「多機関の協働による包括的支援体制構築事業」（2016年度から実施）と「地域力強化推進事業」（2017年度から実施）の2つのモデル事業のみである。したがって，市町村には，介護保険の地域支援事業や生活困窮者自立支援制度といった制度福祉を活用しながら，地域福祉計画（社会福祉法第107条）において，こうした体制の構築を検討していくことが求められている。その意味で，地域福祉の政策化は，市町村行政における制度運用と福祉行政の工夫や改革（地域福祉行政の確立ともいえる）を前提としているということができるだろう（平野 2019）。繰り返すが，地域福祉の政策化は，既存制度の活用が前提となっている。したがって，既存制度を活用し，横糸をどう位置づけるかは市町村次第であり，そのためにどのような工夫や改革を行うかといったことが地域福祉政

第5章　包括的な支援体制の実際　87

策の課題として論じられる必要がある。

　こうしたことを踏まえ，本章では，包括的な支援体制を構築する上で，市町村がどのような選択肢や方向性を持ちうるのかについて，既存の福祉制度との関係から検討する。ただし，こうした取り組みは緒に就いたばかりであり，紙幅の都合からも予備的な考察となることをお断りしておきたい。

　以下では，まず，社会福祉法に位置づけられた包括的な支援体制の理念型を示し（第2節），その分析の枠組みとして，制度福祉と地域福祉の相互浸透という概念を提示して，制度福祉との関係から包括的な支援体制の構築パターンを検討する（第3節）。それを踏まえ，ひとつの事例として石川県河北郡津幡町を取り上げて，体制の構築にあたってどのような工夫や改革が行われたのかを示し（第4節），最後に事例の検討を通じて示唆された今後の実践および研究課題を述べる（第5節）。

第2節　社会福祉法における包括的な支援体制

　本章で取り上げる包括的な支援体制とは，2017年の改正社会福祉法で新設された第106条の3に規定された体制のことである。新設された第106条の3は，表5-1のとおり3号から構成されており，市町村はこの体制の整備に努めるものとすると規定された。各号を要約すると，①住民の主体的な活動を活発にするための環境を整備すること，②地域住民等が発見した課題を専門職と協働して解決していくための体制を整備すること，③分野を越えた相談支援機関同士の連携の体制を整備することといえる。つまり，住民が地域課題の解決に主体的に取り組む環境を整備し，一定の圏域でこうした活動を支援し，住民が発見した課題を受けとめ，協働して解決する体制，さらには市町村域で，圏域では解決できない課題を専門職同士の連携によって受けとめていく体制を「包括的な支援体制」として，市町村がその整備に努めるものとすると規定していることになる。

　以上のような包括的な支援体制をモデル的に示せば，小地域における住民の

主体的な活動とそうした活動を通じたニーズ発見という単位（図5-1-a「住民が主体的に地域課題を把握して解決を試みる体制」），日常生活圏域でこうした住民活動を支援し，ともに課題解決に取り組む専門職の単位（図5-1-b「住民が主体的に地域課題を把握して解決を試みる体制づくりを支援する体制」），そして，地域での解決がむずかしかったり，適切でない場合に市町村単位で相談を受けとめ，解決するための包括的な相談支援体制（図5-1-c「市町村における総合的な相談支援体制」）の三層から構成されるといえる。

表5-1　包括的な支援体制の整備（社会福祉法）

第106条の3　市町村は，次に掲げる事業の実施その他の各般の措置を通じ，地域住民等及び支援関係機関による，地域福祉の推進のための相互の協力が円滑に行われ，地域生活課題の解決に資する支援が包括的に提供される体制を整備するよう努めるものとする。 一　地域福祉に関する活動への地域住民の参加を促す活動を行う者に対する支援，地域住民等が相互に交流を図ることができる拠点の整備，地域住民等に対する研修の実施その他の地域住民等が地域福祉を推進するために必要な環境の整備に関する事業 二　地域住民等が自ら他の地域住民が抱える地域生活課題に関する相談に応じ，必要な情報の提供及び助言を行い，必要に応じて，支援関係機関に対し，協力を求めることができる体制の整備に関する事業 三　生活困窮者自立支援法第三条第二項に規定する生活困窮者自立相談支援事業を行う者その他の支援関係機関が，地域生活課題を解決するために，相互の有機的な連携の下，その解決に資する支援を一体的かつ計画的に行う体制の整備に関する事業

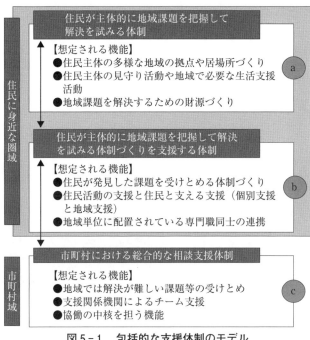

図 5-1　包括的な支援体制のモデル
（出所）　筆者作成

第 3 節　制度福祉と地域福祉の相互浸透——包括的な支援体制の構築パターン

(1)　制度福祉と地域福祉の相互浸透

　2000年以降，地域福祉が主流化したといわれてきたが，すでにみたように，それは具体的な施策として財源を伴っていなかった。そのため，平野が指摘するとおり，地域福祉政策研究の焦点も，地域福祉計画を通じた都道府県もしくは市町村独自の地域福祉施策に当てられてきた（平野 2008）。しかしながら，近年，地域福祉と制度福祉との協働（平野 2019）もしくは相互浸透と呼べるような現象が進んでいる。つまり，制度からみれば，地域福祉を取り込む必要性が生じ，地域福祉からみれば，制度福祉の財源を活用しながら地域福祉を推進する可能性が広がっているということができるのである。

具体的にいえば，生活支援体制整備事業や生活困窮者自立支援制度といった様々な施策の中で「地域づくり」が政策目的に包含されるようになっている。たとえば，生活困窮者自立支援法の目的は「生活困窮者自立相談支援事業の実施，生活困窮者住居確保給付金の支給その他の生活困窮者に対する自立の支援に関する措置を講ずることにより，生活困窮者の自立の促進を図る」ことであるが，立法化にあたっては，「本人と本人を取り巻く地域の力を抜きにしては課題への対応は難しいことから，新たな相談支援事業の運営機関が中心となって地域づくりを行っていくことが必要であり，また，これを可能とする人材の配置も不可欠」（傍点筆者）であるとして，自立相談支援事業が地域づくりを含む事業であり，配置される支援員はそのための人材であることが前提とされていた（社会保障審議会 2013）。また，介護保険制度における地域支援事業に位置づけられた介護予防・日常生活支援総合事業や生活支援体制整備事業では，通知[1]において「住民主体による支援などの多様な支援を推進するためには，高齢者施策にとどまらず，地域づくりの観点から，高齢者施策以外の市町村内の担当部門，地域内の関係団体との連携を視野に入れ，様々な分野の多様な主体を巻き込んで取り組みを進めていくことが望ましい」（傍点筆者）とされ，事業が「地域づくり」の観点から推進されることを求めている。

このような制度と地域福祉の相互浸透は，必然的に市町村行政内における相互浸透（すなわち庁内連携）を求めることになる。つまり，「現行の福祉行政機構は，制度福祉の運用を軸に構成されている」（平野 2019）ため，市町村行政の中で，他制度に基づいた人材や財源などを地域福祉として「翻訳」することが必要になるのである。包括的な支援体制は，こうした相互浸透を前提に政策化されており，市町村に対してその構築を求めていることになる。社会福祉法改正を受けて発出された通知[2]においても，包括的な支援体制は「新たに何らかの機関を設置するという画一的なものではなく，地域において必要となる機能」を示したにすぎず，実際にどのようにつくっていくのかはそれぞれの地域の実情に応じて考えていくべきだと述べられている。すでにみたように，この条文に基づいた新たな人材と財源が措置されているわけではないため，市町村

は地域づくりを目的とした制度福祉を活用し，地域福祉計画の策定を通じて，こうした体制をどのように構築していくか検討していかなければならないのである。

(2) 制度福祉の活用という視点からの類型

　これまでの先行する市町村の事例をみても，どのような制度を基盤にしながら包括的な支援体制を構築していくかは，それまでの相談支援体制の状況などに応じて多様である（日本総合研究所 2017）。社会福祉法の改正を受けて，各市町村は，これまでの取り組みの蓄積や工夫，経緯などを踏まえて，どのように様々な制度福祉を「翻訳」しながら，包括的な支援体制のａからｃ（図5-1）を総合的に整備していくかが問われることになる。ここでは，制度福祉の活用という視点から，その類型を考えてみたい。

　まず，制度福祉の活用という視点からみると，市町村における包括的な相談支援体制（106条の3の3号にあたる）の類型について検討したものとして，「多機関協働による包括的な支援体制構築事業」実施自治体を分類した日本総合研究所の調査研究がある（日本総合研究所 2017）。同調査は，包括的な相談支援体制の基盤となる制度について，①地域包括ケアシステム，②地域福祉，③生活困窮者自立支援制度を挙げ，それぞれの特徴を以下のようにまとめている。①地域包括ケアシステム型は，地域包括ケアの対象を高齢者から全世代・全対象に拡大する方向で相談支援体制の包括化を推進するモデルであり，地域包括ケアの枠組み（圏域：日常生活圏域，拠点：地域包括支援センター，会議：地域ケア会議）を基盤にしながら，包括的な支援体制を整備していく類型である。次に，②地域福祉型は，特定の制度・枠組みを基盤とせず，地域包括支援センターや生活困窮者自立支援制度における相談窓口以外の新たな拠点などを核として位置づけ，包括化を推進するケースである。最後に，③生活困窮者自立支援制度型は，生活困窮者自立支援制度の相談窓口を中心とした包括化を図るモデルである。生活困窮者自立支援制度は，その性格上「全世代・全対象型」の相談支援を前提としており，他の相談窓口と一体的に運用する形

などがみられる。

　次に，市町村域の包括的な相談支援体制に加えて，106条の3の1号，2号，すなわち「住民に身近な圏域」を視野に入れると，さらにバリエーションは多様になる。

　まず，この圏域では，「住民が主体的に地域課題を把握して解決を試みる体制づくりを支援する」ことが期待されているが，これは従来社会福祉協議会が行ってきたコミュニティワーク実践と重なる領域であり，包括的な支援体制を構築する上で，これまで社会福祉協議会などが取り組んできた地域福祉実践の蓄積を考慮し，協働することが求められる領域になる[3]。そのため，地域福祉計画のガイドライン[4]においても，社会福祉協議会が中心となって策定している地域福祉活動計画は「地域福祉計画と一体的に策定したり，その内容を一部共有」するなどして，相互に連携を図ることが求められている。

　また，制度福祉との相互浸透という視点からは，すでにある地域の相談窓口（地域包括支援センターや合併市町村における支所などの行政機関）や専門職（たとえば，社会福祉協議会の地区担当者や地域包括支援センターの3職種，地区担当保健師，生活支援コーディネーターなど）をどう活用し，また再編していくのかといった点を考慮していくことが必要であり，相互浸透はさらに複雑になる。専門職の配置についていえば，既存制度だけでなく，大阪府下の市町村で行われているように，こうした役割を担う専門職（大阪府下では，コミュニティソーシャルワーカー）を地域福祉施策として配置している場合もある。

　さらに，実際に小地域に拠点を置いて職員を配置するか，全市的に配置された専門職が地域を担当するのかという体制の問題や圏域の設定という変数も考慮する必要がある。

　このように，「住民に身近な圏域」までを考慮に入れると包括的な支援体制のバリエーションは非常に複雑になるが，本章では，制度福祉との相互浸透に着目する観点から，包括的な相談支援の体制については，制度との関係から2類型（生活困窮者自立支援型と地域包括ケアシステム型）と，住民に身近な圏域の体制としては，市町村よりも狭い圏域で実際に課題を丸ごと受け止める場と

人を設置するのか（常駐型），市町村域の専門職がアウトリーチによって住民に身近な圏域を担当するのか（アウトリーチ型）によって，4つの類型に分類して包括的な支援体制の構築パターンをおおまかに把握することを試論的に提案したい。常駐型の場合は，すでにある地域の相談窓口などを活用したり，新たに設けるなどしてそこに専門職を常駐させる類型であり[5]，アウトリーチ型は，小地域の包括的な相談窓口は設置せず，その地域を担当するいずれかの専門職（もしくはそのチーム）が地域を担当するという分類である。生活困窮者自立支援制度型，地域包括ケアシステム型と単純に分けられない場合や住民に身近な圏域の捉え方や人の配置の仕方は多様でありうるため，現段階での類型化には無理があるが，専門職の配置に着目することで，小地域の体制がどのように制度と関わっているかをみることはできるだろう。なお，専門職が常駐していなくても，住民自身が相談窓口を設置し，その活動を専門職がバックアップするという形態もあるが，住民自身による相談窓口は包括的な支援体制でいう「住民が主体的に地域課題を把握して解決を試みる体制づくり」における活動であり，ここではあくまで専門職が常駐しているかどうかで分類している。

本章では，次節で試論的に「4」の類型にあたる石川県河北郡津幡町の取り組みを事例として，包括的な相談支援と住民に身近な圏域の体制を制度との相互浸透という視点から分析してみたい[6]。

表5-2 制度との相互浸透という視点からの包括的な支援体制の構築パターン

住民に身近な圏域の体制 ＼ 包括的な相談支援の類型	生活困窮者自立支援制度型	地域包括ケアシステム型
住民に身近な圏域に場と人を配置（常駐型）	1	2
市町村域の専門職がアウトリーチ（アウトリーチ型）	3	4

第4節　包括的な支援体制構築事例（津幡町）

　石川県河北郡津幡町は，人口が37,627人（2018年4月現在）であり，総面積110.44km²で石川県のほぼ中央に位置している。県庁所在地の金沢市に隣接しており，幹線道路も整備されていることから，2016年までは人口が増加し，現在もほぼ横ばいで推移している。このため，2015年の国勢調査では高齢化率22.2％と全国平均を大きく下回っていた。一方，地区別の高齢化率をみると，18.1％の市街地から71.1％の山間地域まで大きな地域差があり，地域ごとの生活課題が一様ではないという特徴もある。

　津幡町では，2017年に策定した第2期津幡町地域福祉計画において，①住民が主体的に地域の課題解決を試みる体制としての「くらし安心ネットワーク委員会」，②住民と専門職の協働による「地域ケア会議」，そして③相談を包括的に受け止め，解決する全世代・全対象型の「総合相談窓口」という包括的な支援体制の構築を目指しており，以下では包括的な相談支援体制と住民に身近な圏域のそれぞれにおける津幡町の取り組みを概観し，次節で制度との相互浸透という視点から考察を行う。

(1) 包括的な相談支援体制の構築

　津幡町では，2014（平成26）年に第1期の地域福祉計画を策定し，重点施策のひとつとして「子どもから高齢者までライフステージに応じた相談・支援ができる体制を整備する」総合相談窓口の創設を掲げた。第1期計画を受けて行われた同年の機構改革では，社会福祉課の中に総合相談窓口が設置され，2名の専門職が配置されたが（図5-2中2014年機構改革），地域福祉計画担当をはじめ様々な事務業務と兼務であった上，他課にある相談窓口と並列に総合相談窓口を設置したため，かえって相談窓口が増えることになってしまった。こうした機構改革は，専門職が意図した相談支援の体制とは異なっており，あるべき体制を模索するため，社会福祉課の総合相談担当者や地域包括支援センターを中心に，相談支援にあたる専門職が月1回の事例に基づいた勉強会を続けな

第5章 包括的な支援体制の実際 95

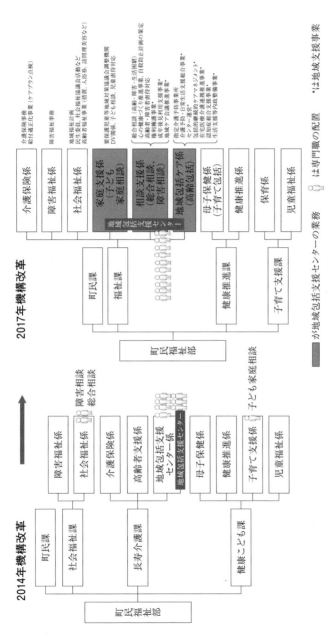

図5-2 津幡町の相談支援体制

(出所) 津幡町提供資料より筆者作成

がら，庁内横断的に総合相談の体制づくりが検討されていくことになった。こうした検討の成果として，課をまたいだ相談であっても同じ視点でインテーク・アセスメントができるように「包括的・継続的ケアマネジメントアセスメント用紙」が開発され，相談を受け止める窓口が違っても手法を統一する工夫を行ってきた。こうした取り組みを続ける中で，専門職が行う相談の機能が次第に明確になっていき，それを総合相談として統合していくことが必要だという機運が専門職の間で高まっていった。そして，2017（平成29）年の機構改革では，専門職を各課にそれぞれ配置していくのではなく，町民福祉部福祉課に地域包括支援センターを移管し，障がい相談，子ども家庭相談の相談機能を統合して，場と機能を統一した包括的な相談支援の体制を構築することになった（図5-2中2017年機構改革）。

　次に，相談支援の体制についてみておこう。相談窓口のワンストップ化は，多くの自治体で導入され，空間的に機能を集中させる試みは多くの自治体で行われている（畑本 2018）。しかし，津幡町の特徴的な点は，対象者別の相談窓口をワンストップ化しただけでなく，対象者別の「支援」も一元化する地区担当制を採用している点にある。現在の地域包括支援センターは，合計10名の専門職が配属されており，センター長と町全体を担当する精神保健福祉士・児童福祉司を除く7名の医療職（保健師，作業療法士）と福祉職（社会福祉士）がペアになって13に分けた地域を担当する地区担当制を採って運営されている（表5-3）。つまり，専門職は，対象者（分野）別に分かれておらず，自らが担当する地域で対応しなければならない高齢，児童，障がいの相談に分野を問わず一体的に対応していくことになる。

　具体的な支援においては，各地区担当がケースの進行管理を行うが，地区担当同士だけでなく，ケースに応じて精神保健福祉士や児童福祉司が共有し，多職種が協働して考える体制をとることで，知識や経験が十分でない分野の相談であっても対応できるような工夫を行っている。また，毎朝のミーティングでケースを共有したり，困難なケースは地域ケア個別会議[7]を開くなどして，地区担当が孤立しないようなしくみを取り入れている。一方，ケース数が増加す

第5章 包括的な支援体制の実際　97

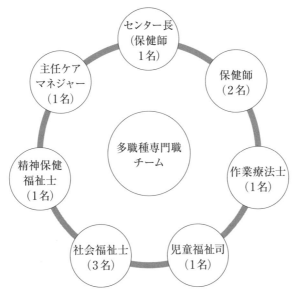

図5-3　津幡町の地域包括支援センターの体制
(出所)　津幡町提供資料により筆者作成

表5-3　地区担当のイメージ

地区	校区	総合相談				
		地区担当 (○は主担当)		サポート体制	
		保健師 作業療法士	社会福祉士 主任ケアマネジャー	精神保健福祉士	児童福祉司
●●	●●	保健師①	○社会福祉士①		
	●●	○作業療法士①	社会福祉士②		
	●●	保健師②	○社会福祉士③		
	…	…	…		

(出所)　津幡町提供資料により筆者作成

ることで，医療職と福祉職の分担や協働が機能せず，多職種による見立てというメリットが生かせなくなる場合があること，業務量の増加に伴ってケア会議を開くことを躊躇する場合が生じ，ケースを抱え込みがちになる場合があること，スーパーバイズ機能が弱くなりがちであることから，ピアスーパービジョンの機能を強化することが課題であると認識されている。

このように，津幡町では，地域福祉計画の策定を契機として，地域包括支援センターを中核とした高齢，障がい，児童を横断した窓口と支援を総合化する包括的な相談支援の体制を構築してきたところに大きな特徴がある。

(2) **住民に身近な圏域の体制**

次に身近な地域の体制について，津幡町の取り組みを検討する。

津幡町の地域包括支援センターは，従来からクライエントが暮らす地域を意識し，「すぐに介護保険サービスをあてがうといった画一的な支援ではなく，その人のストレングス，地域のストレングス」を活かした支援を行い，「解決の肩代わりをするのではなく，当事者，地域が課題解決の力をつけるよう意識」した支援を行ってきた（寺本 2010）。そのため，地域包括支援センターは，社会福祉協議会と協働で，地域支え合いマップの作成による地域の支え手や社会資源の発見などにも取り組んできた。

一方，小地域での地域福祉推進基礎組織の組織化はされておらず，「住民が主体的に地域課題を把握して解決を試みる」主体となる組織の組織化が課題となった。津幡町では，昭和の合併前の旧町単位である7地区を中心に，10公民館区に分かれて様々な活動が行われている（3つの地区は2つの公民館区がある）。さらにその下に88の区・集落があり，最も小さい単位としては町会や班，組といった日常生活の圏域がある。そこで，2013年に社会福祉協議会の地域福祉活動計画と一体的に策定された地域福祉計画では，重点施策の2つ目（ひとつ目は総合相談窓口の開設）として「地域の福祉拠点作り」を掲げ，上記の7地区を基本単位として，認知症支援策について協議する場として組織化された「認知症安心ネットワーク委員会」を「地区くらし安心ネットワーク委員会」に名

称変更し,「住民が主体的に地域課題を把握して解決を試みる体制」の拠点として組織化を進めることにした（現在は全7地区すべてで組織化）。委員会は，住民，区長，民生児童委員や老人クラブなどの地区組織の代表者に加え，介護保険サービス事業者などの専門職をメンバーとしている地域もあり，第二層の協議体としても位置づけられている。

さらに，地域支援員[8]を各委員会に配置して，公民館を拠点として地域福祉活動を進めていく基盤を整備した。地域支援員は，生活支援体制整備事業の二層の生活支援コーディネーターにあたり，津幡町では地域住民を充てていることが特徴である。第一層の生活支援コーディネーターは，社会福祉協議会に2名配置され，地域包括支援センターの地区担当者とともに，くらし安心ネットワーク委員会の活動を支援している。

なお，津幡町では「住民に身近な圏域」に専門職を常駐させる体制にはなっていないため，すでにみたように地域包括支援センターの地区担当者と社会福祉協議会の第一層生活支援コーディネーターが，くらし安心ネットワーク委員会の活動を支援し，課題を受け止める役割を果たすことになる。また，住民に身近な圏域で住民が発見した課題と町全体の包括的な相談支援体制をつなぐ役割として地域ケア会議を位置づけており，地域包括支援センターや社会福祉協議会をはじめとした多職種と地域支援員を中心とした地域が協働して地域ケア個別会議を積み重ね，それを通じて地域課題の把握と施策につなげることを目指している。ただし，地域包括支援センターの専門職は，地域支援員（第二層の生活支援コーディネーター）や地域住民の地域ケア個別会議への参加は十分とはいえず，くらし安心ネットワーク委員会の組織化も途上であると認識している。包括的な相談支援体制と比較すると，住民に身近な圏域では，新たに組織化した体制の整備に見通しがついてきた段階といえるかもしれない。

(3) 小　　括

ここまで検討した津幡町の「包括的な支援体制」を要約すると以下の通りである。まず，行政直営の地域包括支援センターを包括的な相談支援体制の中核

とし，医療と福祉のそれぞれの専門職がペアになって文字通りあらゆる生活課題に「丸ごと」対応している。また，困難ケースや専門的な知識（児童虐待や精神障がい者の支援）が必要な支援においては，地区担当を持たない専門職が支援に加わり，多職種連携のチームアプローチを地域包括支援センター内で確立している。一方，住民に身近な圏域においては，旧町単位（公民館区単位）にくらし安心ネットワーク委員会を組織化し，第二層の協議体の役割を兼ねるとともに，住民から第二層の生活支援コーディネーターを選任する体制を整備してきた。そして，こうした活動を支援するのは，主として住民活動の支援を行う社会福祉協議会の第一層の生活支援コーディネーターと主として個別支援を行う地域包括支援センターの地区担当者であり，これまで蓄積してきた地域ケア会議を活用しながら，個別課題の解決と地域課題の共有，そして施策化を図っていこうとしている。

第5節　考察とまとめ

(1) 相談支援の包括化と相互浸透

　制度との相互浸透という視点からみると，津幡町の場合，「地域包括ケアシステム型」の包括的な相談支援体制を選択している。これは，津幡町が福祉事務所設置自治体ではなく，生活困窮者自立支援制度の実施主体でないことからある意味当然の選択といえる。また，地域包括支援センターが直営で1ヵ所であることから，地域包括支援センターを中心とした庁内連携を図ることで，相談支援体制の包括化を図ることは，合意を得やすかったと思われる。同時に，こうした機構改革を進めるにあたっては，行政内の専門職集団が行政組織の相互浸透において中心的な役割を果たしてきたことが注目される。相談支援を担う専門職は，定例的に勉強会を行い，共通のアセスメントシートを開発し，ケースを共有することで，全世代・全対象型の相談支援に自信と確信を深めていった。こうした積み重ねが，機構改革を後押しし，地区担当制という大胆な支援における相互浸透を実現し，地域福祉計画での位置づけにつながったと考

えられる。福祉行政における機構改革に専門職が重要な役割を果たすことは，別な研究でも指摘されているが（畑本 2018：171-172），津幡町の事例からは職種を超えた専門職同士の横断的なつながりが，機構改革の直接的な要因になっていることに注目したい。

　一方，津幡町では専門職集団が相互浸透の中心的な役割を担っていたが，専門職ではない行政職員がこの役割を果たす場合もありうるだろう。規模の大きな市町村では，地域包括支援センターや生活困窮者自立支援制度の相談支援など，相談機能を外部に委託していることも多い。また，場合によっては，委託先がそれぞれ異なることもある。このような場合，本章で検討したような庁内の専門職集団の相互浸透による相談支援の包括化は困難で，委託先を含めた組織間及び機関間連携の相互浸透というより複雑なガバナンスが必要になるだろう。このように，既存の制度との連携を前提にした包括的な支援体制の構築には，「境界に橋を架けること」を意味するバウンダリー・スパニング（boundary spanning）の役割が必要であり，これをだれがどう行っているのか（Williams 2002）は，地域福祉の政策化の重要な研究課題であると思われる。

(2) 住民に身近な圏域での相互浸透

　次に，住民に身近な圏域での「住民が主体的に地域課題を把握して解決を試みる体制づくり」は，変数がさらに複雑になる。これまでの住民自身の取り組みや社会福祉協議会の地域支援の蓄積は，市町村によっても異なっており，さらには同一市町村内でも小地域ごとに異なっている可能性があるからである。津幡町の場合，相互浸透という視点からみると，介護保険の地域支援事業を活用しながら，地域包括支援センターの専門職と社会福祉協議会が協働してこうした体制づくりを行っている。生活支援体制整備事業の生活支援コーディネーター（二層）は専門職ではなく，公民館区で組織化した「くらし安心ネットワーク委員会」に配置され，社会福祉協議会に配置された第一層の生活支援コーディネーターとともに，地域づくりを進めている。また，住民と専門職が地域課題を共有する場として地域ケア会議を全世代型に拡大して活用している。

このように，津幡町の場合は，一貫して地域包括ケア施策を全世代・全対象型に拡大していくことを通じて，包括的な支援体制の構築を目指しているといえるだろう。生活支援コーディネーターも地域ケア会議も，高齢者に対する活動だけを支援したり，協議する場ではないが，その制度の枠組みを活用しているのである。

また，地域レベルでは，既存の地域福祉活動との協働が重要になる。たとえば，市区町村社会福祉協議会や地区社会福祉協議会は，文字通り「協議体」であり，それぞれ市町村域の社会福祉関係者，地区の社会福祉関係者の協議体である。したがって，生活支援体制整備事業における「協議体」の設置については，すでにあるこうした協議体がその役割を期待されるのが自然だろう。しかし，実際に起こっているのは，生活支援体制整備事業に限らず，様々な協議体やコーディネーターの設置や配置が政策プログラムごとに要請され，地域でそれらの機能が重なり合いながら乱立しているという状況である。住民に身近な圏域でいえば，こうした乱立は住民の活動を混乱させたり，無用な対立を招くことにもなりかねない。津幡町の場合は，社会福祉協議会が，いわゆる地域福祉推進基礎組織を組織してこなかったため，地域福祉計画の策定を契機に新たにその取り組みが推進されることになった。くらし安心ネットワーク委員会は，第二層の協議体も兼ねる。こうした地域福祉と制度福祉との合理的な相互浸透は，地域福祉計画（行政）と地域福祉活動計画（社協）を合同で策定するなど，計画レベルでの相互浸透を進め，協働して地域支援に取り組む体制をとったことで実現していると考えられる。

第6節　おわりに

本章では，包括的な支援体制の構築が，制度と地域福祉の相互浸透によって成立すること，そのため体制のバリエーションは必然的に多様になることを示した。また，地域包括ケアシステム型でこうした体制を構築している事例として，津幡町の事例を検討した。津幡町の事例は，① 地域包括支援センターを

中核とした相談支援の包括化と，②社会福祉協議会との協働により，地域ケア会議（協議の場）や生活支援コーディネーター（人材）を活用しながら地域づくりを行っていくという地域包括ケアシステム型の包括的な支援体制の典型的な事例といえる。また，①においては，行政内専門職集団が，相互浸透を推進する主体になってきたこと，②においては，地域支援事業という地域包括ケア施策が活用されていること，行政の視点からは，地域福祉活動との関係を整理することが重要になり，実践および計画レベルでの社会福祉協議会との協働が重要であることを明らかにした。

　すでに述べたとおり，包括的な支援体制の構築は，既存の制度を活用して推進していくことが前提となっており，これが地域福祉の政策化のわかりにくさでもある。そのため，住民に身近な圏域まで考慮に入れれば，様々な構築パターンが考えられることになるが，本章ではこの「わかりにくさ」を，津幡町という一貫した地域包括ケアシステム型の包括的な支援体制を構築してきた自治体を事例として取り上げて，既存の制度の活用（相互浸透）という視点で分析した。地域福祉政策は，既存の制度との相互浸透を前提に推進していく時代になったというのが本章の基本的な認識であり，福祉行政がそれにどう対応すべきかがこれからの研究や実践の焦点になると思われる。

注）
1）「『地域支援事業の実施について』の一部改正について」（老発0115第1号）。
2）「地域共生社会の実現に向けた地域福祉の推進について」（社援発1212第2号），13ページ。
3）2017年から実施されている地域力強化推進事業においても，53事業実施団体のうち，48団体は社会福祉協議会に委託している。
4）「地域共生社会の実現に向けた地域福祉の推進について」（社援発1212第2号），40ページ。
5）たとえば，地域包括支援センターや合併した市町村の支所を活用する場合や三重県名張市のように，市独自に拠点を設け，専門職を配置する場合もある（永田2016）。
6）津幡町についての記述は，津幡町地域包括支援センターへの2回のヒアリング（2018年5月17日及び2019年1月29日）の結果に基づいている。

7）津幡町地域包括支援センターは，2018年度に合計181回の地域ケア個別会議を実施している。ただし，津幡町の地域ケア会議は分野を問わないため，高齢者以外の会議も含まれており，高齢者中心の地域ケア会議は97件で全体の53.6％である（数字は津幡町提供資料による）。

8）地域支援員は，週に2日，1日2時間の体制で配置されており，第2期津幡町地域福祉計画では，2022年度までに週5日体制での配置を検討している。

参考文献

畑本裕介（2018）「福祉行政における総合相談窓口設置―Ｐ市の事例をもとに」遠藤久夫・西村幸満監修，国立社会保障・人口問題研究所編『地域で担う生活支援―自治体の役割と連携』東京大学出版会

平野隆之（2008）『地域福祉推進の理論と方法』有斐閣

平野隆之（2019）「地域福祉政策研究の対象と方法―筆者の取組を振り返って」『日本の地域福祉』第32巻：3-12．

伊藤正次（2015）「多機関連携としてのローカル・ガバナンス―就労支援行政における可能性」宇野重規・五百旗頭薫『ローカルからの再出発―日本と福井のガバナンス』有斐閣

永田祐（2016）「名張市の地域包括ケアシステムと地域づくり―『地域福祉教育総合支援システム』への挑戦」『月刊福祉』第99巻第8号：26-31．

永田祐（2017）「分野横断的な地域福祉の実現に向けて」『ガバナンス』190巻，pp.17-19．

永田祐（2018a）「地域福祉計画による他計画の総合化―包括的な支援体制の構築に焦点を当てて」『月刊福祉』第100巻9号：30-35．

永田祐（2018b）「地域包括ケアシステムの最前線『我が事・丸ごと』地域共生社会と包括的支援体制」『Monthly IHEP』No.271，2018年2月号

日本総合研究所（2017）「全世代・全対象型地域包括支援体制の構築に向けた評価資料に関する調査研究」日本総合研究所

日本総合研究所（2018）「地域力強化および包括的な相談支援体制構築の推進に関する調査研究」日本総合研究所

社会保障審議会（2013）「生活困窮者の生活支援の在り方に関する特別部会　報告書」

寺本紀子（2010）「直営地域包括支援センターの取り組み―総合相談から地域づくりへ」『同志社社会福祉学』(24)：84-91．

Williams, P. (2002) The competent boundary spanner, *Public Administration*, 80 (1)：103-124．

第6章 ソーシャル・キャピタルを駆使した包括的支援

第1節 本章の枠組み

　2017（平成29）年5月に「地域包括ケアシステム強化のための介護保険法等の一部を改正する法律案」が可決成立し，2017（平成29）年4月には社会福祉法も改正されて，高齢者にかぎらず，子どもや障がい者も含めた全世代・全対象型の包括的支援体制が市町村の努力義務となったことは，前章でも述べた通りである。

　さらに，地域のあらゆる住民が役割を持つ「地域共生社会」を構築するにあたって，2017年2月に「我が事・丸ごと」地域共生社会実現本部は，「地域共生社会の実現に向けて（当面の改革工程）」を発表している。そこでは，「地域のつながりの強化」が標榜された（厚生労働統計協会 2017：15, 25-26）。この「地域のつながり」とは，ソーシャル・キャピタル（Social Capital）にほかならない。

　前章で永田は，全世代・全対象型の包括的支援体制を行っていくにあたり，「市町村には，介護保険の地域支援事業や生活困窮者自立支援制度といった制度福祉を活用しながら，地域福祉計画においてこうした体制の構築を検討していくことが求められている」と述べている。また，永田は，日本総合研究所が2017年に出した調査報告書の内容を引用し，包括的な相談支援体制の基盤となるものとして，①地域包括ケアシステム，②地域福祉，③生活困窮者自立支援制度，をあげてもいる（日本総合研究所 2017）。

　つまり，生活困窮者自立支援制度と地域支援事業は，包括的支援における現状の福祉制度の2本の柱になるわけである。後者の地域支援事業は，そもそも介護予防を行うためにつくられた制度だった。だが，今後は，従来の介護保険制度の地域包括ケアシステムにおいて，地域支援事業などを財源としながら，

介護予防だけでなく子育て支援や障がい者支援および，ひきこもり青年の支援なども行っていかなければならない。

本章では，この地域包括ケアシステムにおける包括的支援に焦点を当て，ソーシャル・キャピタル論を理論的枠組みとして論考を進める。

第2節　ソーシャル・キャピタルの概念とソーシャル・キャピタルの下位概念

(1) ソーシャル・キャピタルの概念

ここで，まず，ソーシャル・キャピタル（以下，SC）とSCの下位概念についてまとめておきたい。SCは，直訳すれば「社会資本」になるが，いわゆる道路などのインフラとしての物的資本ではなく，人的資本を表す言葉であるため，現在では「社会関係資本」と訳すのが一般的である。SCの定義は，広義にみれば，社会における「信頼，規範，ネットワーク」であるといわれている（川島 2010）。

最も代表的なSCの論者であるパットナムは，イタリアの州政治に関する研究 *Making Democracy Work : Civic Traditions in Modern Italy*（1993）において，「社会関係資本は，調整された諸活動を活発にすることによって社会の効率性を改善できる，信頼，規範，ネットワークといった社会組織の特徴だ」と述べた。同書において，パットナムは，SCが豊かな地域の人々は信頼しあい，自発的に協力するため，民主主義が円滑に機能すると論じている（Putnam 1993）。また，パットナムは，*Bowling Alone : The Collapse and Revival of American Community*（2000）で，地域のボウリングクラブには加入せずに1人で黙々とボウリングをしている孤独なアメリカ人の姿を象徴とした母国アメリカのSCの衰退についてもふれ，アメリカでは，政治・市民団体・宗教団体・組合・専門組織・非公式な社交などに対する市民の参加が減少していることを検証した（Putnam 2000）。

しかし，SCという言葉が初めて使用されたのは，アメリカの農学校の州教育長ハニファン（Hanifan）が，1916年に，地域のつながりが強い地域の生徒

第6章　ソーシャル・キャピタルを駆使した包括的支援　107

の学力が高いことにふれた論文を書いたことにさかのぼるといわれている。初期のSCは，農村や都市における健全なコミュニティを形成し継続するのに不可欠な「良好な人間関係」としてとらえられ，その後の研究の基礎となった。やがて，60年代にカナダの都市計画学者のジェイコブズ（Jacobs）が隣人関係などの社会的ネットワークをSCと表現し，70年代に入ってからアメリカの経済学者ラウリー（Loury），フランスの社会学者ブルデュー（Bourdieu），アメリカの社会学者コールマン（Coleman）らによって主に「個人レベル」に注目したSC論が展開された。そして，やがてパットナム（Putnam）の「地域レベル」に着目した研究に引き継がれたのである（東 2003：26，稲葉ほか 2016：40-41）。

　パットナム以降，SC研究は「一般的信頼」を軸に経済成長や不平等および腐敗などを論じたフクヤマ（Fukuyama）や，ネットワークを中心に論じた経済学者のベイカー（Backer），ウールコック（Woolcock），社会学者のN. リン（Nan Lin），R. バート（Ronald Burt）などによって継承された。ネットワークに重きを置いて論じるリンやバートは，社会関係資本は個人に帰すると考えている点が，社会全体の協調的行動に重点を置くパットナムとはちがう点である（稲葉ほか 2011：3）。

　さらに，世界銀行（World Bank）やOECDによってもSCの定義が唱えられていった。これらの先行研究によるSCの定義を時系列的に表にまとめると，以下の表6-1のようになる（稲葉 2007：3-4，稲葉ほか 2016：40-41，東 2003：26-27，宮川ほか 2004：19-49，宮田ほか 2011：13）。

表6-1　SCの定義に関するレビュー

L. J. ハニファン （1916年） アメリカ 教育学者	学校が成功するためには地域社会の関与が重要であるが，コミュニティ発展のためには，仲間意識・共感・社会的交流の蓄積が必要であり，それらがSCである。
J. ジェイコブズ （1961年） カナダ 都市計画学者	建築学・都市社会学的な視点から都市開発学への問題を提起し，近代都市における隣人関係などの社会的ネットワークをSCと表現した。

ラウリー (1977年) アメリカ 経済学者	アメリカにおいて白人と有色人種を比較した場合，白人の方が生まれた時点から人的資本獲得に有利な環境がある利点を指摘し，それをSCとした。彼は，SCを人種間の所得格差の要因のひとつとしてとらえている。
ブルデュー (1986年) フランス 社会学者	人間の日常的現実的なコミュニケーション活動に着目し，その円滑化のための資本としての文化資本や，当人に何らかの利益をもたらす形での社会化された人間関係の総体，たとえば「人脈」や「コネ」「顔の広さ」などをSCと定義した。また，彼は，階級構造再生産の隠れたメカニズムの説明に社会関係資本を用いた。
コールマン (1988年) アメリカ 社会学者	SCは社会構造のある局面から構成されるものであり，その構造の中に含まれる個人に対し，ある特定の行為を促進するような機能をもっているとし，規範・人的資本との関連概念として論じている。社会の結びつきを強める機能を社会関係資本がもつことを強調してもいる。
R. パットナム (1992年) アメリカ 政治学者	SCとは，協調行動を活発にすることによって社会の効率性を改善しうる信頼，規範，ネットワークなどの社会組織の特徴である。
F. フクヤマ (1995年) アメリカ 社会学者	SCとは，信頼（コミュニティのほかのメンバーが共有している規範に基づいて規則正しい正直で協調的な行動をとると考えられるようなコミュニティにおいて生じる期待）が，社会全体あるいは社会の特定の部分に広くいきわたることから生じる社会の能力であり，集団を構成するメンバーの間で共有されるインフォーマルな価値あるいは規範の集合である。
世界銀行 (1996年)	SCとは，社会的なつながりの量・質を決定する制度，関係，規範である。社会的なつながりは，経済の繁栄や経済発展の持続に不可欠である。SCは，単に社会を支えている制度ではなく，社会的なつながりを強くするための糊の役割を果たしている。
W. ベイカー (2000年) アメリカ 経済学者	SCは，個人的なネットワークやビジネスのネットワークから得られる資源であり，情報・アイデア・指示方向・ビジネスチャンス・富・権力や影響力・精神的サポート・善意・信頼・協力などをさす。
M. ウールコック (2000年) アメリカ 経済学者	SCとは，協調行動を容易にさせる規範，ネットワークである。

N. リン (2001年) アメリカ 社会学者	SCは，市場における見返りを期待してなされる社会的関係への投資であり，目的をもった行動のためにアクセスし，活用する社会的ネットワークの中に埋め込まれた資源である。
OECD (2001年)	規範や価値観を共有し，お互いを理解しているような人々で構成されたネットワークで，集団内部または集団間の協力関係の増進に寄与するものが，SCである。
R. バート (2005年) アメリカ 社会学者	関係構造における個人の位置づけによって創造される利点がSCである。彼は，SCをネットワークとしてとらえている。

(出所) 東，稲葉，などの先行文献を参考にして筆者作成

　近年は，公衆衛生学のなかの社会疫学の分野でも，SCの概念が注目されている。イチロー・カワチは，日本人の平均寿命が世界一であるのはなぜなのかを考えるにつけ，国内総生産に占める医療費の割合・GDPの割合・可処分所得・家の広さ・喫煙率・飲酒傾向・遺伝的要素などの日米比較をしてもけっして日本がアメリカに勝っているわけではないことから，日本人が健康で長生きする理由は，社会内部における経済格差（アメリカで大きく日本で比較的小さい），地域や職場における社会的結束（日本で強くアメリカで弱い）にあるのではないかという仮説を立て，SCが豊かでなおかつ経済格差が少ない地域ほど健康な人が多いことを実証的に検証する研究を行った（カワチほか 2004：iii-iv）。

　ところで，SCとソーシャルネットワークのちがいは何か？という問いは，まだ議論が尽くされていない。公衆衛生学の分野では，SCをネットワークよりマクロな視点でとらえた概念と考えている（市田 2007：108）。また，いわゆる個人の人脈のような「個人レベルのSC」と「地域レベルのSC」の差異に関する定義も，いまだ明瞭ではない。カワチは，社会的ネットワーク以外の部分が「個人レベルのSC」であり，「個人レベルのSC」はソーシャルネットワークを含まないという視点に立脚している。

　パットナムの研究も，それまでの「個人レベルのSC」に立脚して行われてきた社会学者の研究とは違う「地域レベルのSC」に立脚した研究であること

は先にも述べた。鹿毛は，SCの概念が，パットナムによって社会学の分野から政治学へ輸入される過程において質的な変容を遂げたと述べ，社会学では個人の人脈などをSCとみなし，個人と社会経済的地位などの相関をみる「個人レベル」（ミクロ）の変数による研究が主であったのに対して，イタリアの州制度改革を題材にしたパットナムの研究は州ごとに集計されたSCの指標と州のパフォーマンスの相関をみる「地域レベル」（マクロ）の変数による研究であり，SCが地域に蓄積されていくという考えを強調した新しいものであったとしている（鹿毛 2002：101-119）。

　わが国においても，2001年以降，開発学，経済学，社会学，社会疫学，心理学，社会福祉学，地理学などの様々な分野でSC論が論じられてきた。

　日本におけるSC研究のトップランナーである稲葉は，SCの定義について，「ソーシャル・キャピタルは，信頼，規範などの『価値観』と，個人や企業などの具体的な関係である『ネットワーク』の2つに分けることができる」としている（稲葉 2007）。稲葉は「前者（価値観）は社会や広範なグループに関するものである場合が多いが，それらは多くの場合，対象となるメンバー全体への信頼や規範であり，特定の個人に対する信頼・規範ではない。こうした社会全般に対する信頼・規範などは，公共財の性質を持っている」と述べている。また，「後者（ネットワーク）は，基本的に個人や企業などの間に存在するための私的財としての性格を持っている」とも論じている。

　さらに，「ネットワークが特定の規範と結びつくと，特定のメンバーの間だけで消費の非競合性を持つクラブ財としての性質を持つ」とも述べ，「『社会における信頼・規範・ネットワーク』」という定義は，狭義の定義（私的財）＝「ネットワーク」，広義の定義（公共財）＝「信頼・規範」，さらに両者の中間（クラブ財）としての「特定のネットワーク間の信頼・規範」の3つに分類でき，「クラブ財としてのソーシャル・キャピタルは，その規範の内容として互酬性を含んでいる」とする独自の理論を展開している。以上の稲葉の定義を表にまとめると，以下の表6-2のようになる。

表6-2　稲葉のSCの定義

私的財としてのソーシャル・キャピタル	個人間ないしは組織間のネットワーク
公共財としてのソーシャル・キャピタル	社会全般における信頼・規範
クラブ財としてのソーシャル・キャピタル	ある特定のグループ内における信頼・規範（含む互酬性）

（出所）稲葉 2007：6

　また，稲葉は，SCの定義のひとつに「心の外部性を伴った信頼」も加えている。いずれにしても，稲葉の定義は，ネットワークだけでなく，信頼と規範（互酬性）も含めた広義のものである。稲葉は，「コミュニティを含めたグループ内のまとまりの程度を凝集性（cohesion）と呼んでいるが，社会関係資本が凝集性と密接に関連するとすれば，信頼，規範，ネットワークなどを別々に論じるよりも3つをすべて含めて論じる方が凝集性の背景にある社会環境をより適切にとらえられると考えるからである」と，その理由を述べている（稲葉ほか 2016：44）。

　SCをネットワークとしてとらえるのか，それとも信頼や規範としてとらえるのか，あるいは稲葉のように3つをすべて含めて論じるのかは，論者によって様々である。

(2)　ソーシャル・キャピタルの下位概念

　さらに，SCには，いくつかの下位概念がある。最も代表的な下位概念は，「結合型（bonding）SC」と「橋渡し型（bridging）SC」である（Narayan, D. 1999）。「結合型SC」は，組織内部の人と人の同質的結びつきで内部に信頼や協力を生むものであり，大学の同窓会や地縁の深い結びつきなどがこれにあたる。強い絆・結束によって特徴づけられ，内部志向的であるため，この性格が強すぎると閉鎖的で排他的になりがちである。

　一方，「橋渡し型SC」は，異質なものを結びつけるものであり，「NPO法

人」などの結びつきなどがこれに該当する。結合型SCに比べ，弱く薄い結びつきではあるが，より開放的横断的であって，広い互酬性を生み，外部志向的である。さらに，社会的地位が異なる階層の人間のつながりとしての「連結型 (linking)」SCを位置づける論者もいる。

そのほか，「垂直型 (vertical) SC」や「水平型 (horizontal) SC」という下位概念もある。これらは，SCの概念を参加組織により分類する類型である。「垂直型SC」は，政治関係の団体や会，業界団体・同業団体，市民運動・消費者運動，宗教団体などの内部に垂直的な上下関係のある団体をさす。また，「水平型SC」は，ボランティアグループ，スポーツ関係のグループやクラブ，町内会自治会，老人クラブ，消防団，趣味の会などの上下関係のない主従関係のない水平的な関係の団体をさす（川島 2010）。

また，SCの構成要素の特徴に着目した類型として，「構造的 (structural) SC」と「認知的 (cognitive) SC」がある (Kisha and Uphoff 1999)。「構造的SC」は，いわゆる役割，ネットワーク，規範などをさす。また，「認知的SC」は，個人の心理的な変化などに影響を与える規範，価値観，心情などである。「構造的SC」と「認知的SC」の間に「行動的 (behavioral) SC」を位置づける論者もいる (Pitkin and Varda 2009)。SCの下位概念に関しては，論者によってとらえ方が異なっていたり，それぞれの下位概念が複層的に絡まっていたりもする。海外の先行研究におけるSCの下位概念の概念図として，Islamらと，Engstromら，Deroseらの概念図を示しておく。いずれも，SCの下位概念をうまくとらえてまとめている。

図6-1　Islamらの概念図

（出所）Islam et al. (2006) により筆者訳

図6-2 Engstromらの概念図

	認知的	構造的
水平型	市民間の信頼	市民参加
垂直型	政治上の信頼	政治参加

(出所) Engstrom et al. (2008) により筆者訳

図6-3 Deroseらの概念図

	Cognitive (認知的)	Behavioral (行動的)	Structural (構造的)
Bonding (結合型)	同じ集団内での信用，近隣の閉塞的な集団内での信頼	過去に趣味の会などに参加している頻度，同質的な主体からなる集団へのメンバーシップに基づく参加	結束の強さ (強い)
Bridging (橋渡し型)	「NPO」などの異種集団内における信頼，個人の安全に関する共通認識	投票への参加。多様な主体からなる集団へのメンバーシップに基づく参加	結束の強さ (弱い)
Linking (連結型)	ヘルスケアを提供する人への信頼，地域組織に対する信頼	政府や公的機関に対して出される意見	結束の密度 (地域組織とのコンタクトの回数)

(出所) Pitkin Derose and Varda (2009) により近藤・市田・川島訳

第3節　包括的支援に必要なSCの下位概念

　ところで，包括的支援体制の地域包括ケアシステムにおいて，最も必要なSCの下位概念とは何であろうか。

　たとえば，介護予防の場合を考えてみよう。先行研究によれば，地域に蓄積されたSCが豊かな地域に在住する住民の健康状態が良いという仮説は，国内外の社会疫学などの分野において実証的に検証されている (Aida et al. 2013, 近藤 2007, 藤澤ほか 2007, カワチほか 2008, 市田ほか 2005)。したがって，地

域レベルのSCを豊かにすれば効果的な介護予防を行える可能性は高い。

　では，子育て支援の場合はどうだろう。内閣府が2003年に出したSCに関する報告書「豊かな人間関係と市民活動の好循環を求めて」には，SCと合計特殊出生率には相関関係があり，SCの豊かな地域ほど合計特殊出生率が高いことが示されている（内閣府国民生活局 2003）。つまり，介護予防だけでなく，少子化対策としてもSCは有効であることが推察される。

　さらに，介護予防に関しては，海外の社会疫学の先行研究では「橋渡し型SC」がより健康と有意に関連しているという先行文献（Kim and Kawachi 2006）がある。だが，元々，農村部における地縁の強かった日本では，主観的健康感とSC指標との相関に関し，「橋渡し型SCを形成する上でも結合型SCを損なわないように配慮する必要がある」という京都府北部の3市において9,293人の住民を調査対象とした先行研究（福島ほか 2009）もあり，橋渡し型SCだけでなく，結合型SCと主観的健康感の関連も否めない。

　子育て支援に関しては，そもそも，SCとの関連を示した先行研究が少ない。内閣府国民生活局が2003年に出した調査報告書のほかに，2016年の内閣府のSCに関する全国調査の報告書でも，「SCが豊かな地域では生涯未婚率が低く，合計特殊出生率が高くて，子育て世代の女性の雇用率が高い」という結果が報告されている（内閣府 2016）。さらに，Fujiwara et al.（2012），山口ほか（2013），太田ほか（2018）などの先行研究もある。Fujiwaraらは，乳幼児期の家庭訪問と母親の育児ストレスおよびSCの関連について調査分析し，山口ほかは「子育ての社会化」に関する意識や行動に母親や地域住民の「SCの認識」が関連していることを明らかにしている。また，太田ほかは，これらの先行研究を踏まえた上で，SCと母親の育児不安との関連を明らかにして，育児支援にSCを活用する方法を探ろうと試みている。だが，以上の先行研究は，具体的に，どのようにSCを構築して子育て支援を行えば良いのかを示してはいない。

　しかし，子育て支援においても，結合型SCとしての「町内会自治会」などの昔ながらの地縁と，橋渡し型SCとしての「NPO」や「NPO法人」などが行う子育て支援サロンや放課後児童クラブなどの子育て支援の双方が有効である

ことは容易に推察できる。
　また,「NPO・市民活動の基盤には地縁活動がある。(中略) NPO・市民活動参加者のほとんどは地縁活動経験者であり,因果関係は明らかではないが,地縁活動がボランティア・NPO・市民活動の基盤にあるように見える」という全国調査の結果を示した先行研究（稲葉 2011）もある。さらに,実際の地域福祉の現場でも,「町内会自治会」と「NPO法人」を社会福祉士などがつないだり,「町内会自治会」がそのまま「NPO法人」に発展する事例も散見され,そのプロセスを分析した先行研究もある（大野 2010；森・新川 2013）。
　以上の先行研究から判断すれば,包括的支援体制の介護予防と子育て支援においては,橋渡し型SCと結合型SCの双方が必要であることが推察される。少なくとも,筆者が約1,000人の要介護状態にない高齢者を対象として行った自記式アンケート調査（全数調査）を相関分析した結果では,その仮説は立証されている[1]。介護予防や子育て支援に限らず,障がい者支援や,ひきこもりへの支援などにおいても同様のことがいえるのではないか。
　したがって,市区町村社会福祉協議会（以下,市区町村社協）のコミュニティソーシャルワーカー（以下,CSW）と地域包括支援センターの社会福祉士や保健師や行政関連部署の専門職などが,SCを構築しながら包括的支援を行おうとする場合,結合型SCの「町内会自治会」などの地縁と,橋渡し型SCの「NPO」「NPO法人」を駆使して行うことが効果的である可能性は高い。

第4節　SCの下位概念の地域差に配慮した包括的支援

　では,包括的支援において具体的に,どのようにして結合型SCや橋渡し型SCの双方を駆使してSCを豊かにしていけばよいのだろうか。
　SCには,地域差があるという先行研究がある（稲葉 2016, 埴淵 2018）。筆者らが行った全国31市町村の要介護認定を受けていない65歳以上の高齢者169,215人を対象として郵送法によって行った自記式アンケート調査[2]の分析結果でも,SCには地域差があることが明らかになっている。具体的には,都

市部は全般的にSCは希薄だが橋渡し型SCが豊かで，農村部は全般的にSCが豊かで，特に結合型SCが豊かだった。また，準都市部では，居住歴の長い住民が多く暮らす小学校区では結合型SCが豊かで，逆に居住歴が短い住民の多く暮らす小学校区では橋渡し型SCが豊かだった（川島・福島 2013）。

内閣府の報告書（内閣府 2016）にも，SCの地域差に関する調査結果が述べてある。この調査によれば，SCは農村地域ほど豊かな傾向にあり，人口増加率が高い地域ほど希薄で，人口減少率が高い地域ほど豊かであったという。

したがって，SCの地域差を鑑みた介入をしていく必要があることは，まちがいない。具体的には，農村部は結合型SCが豊かであるが橋渡し型SCが希薄なので橋渡し型SCの代理変数である「NPO法人」の活動などを盛んにするような介入を行い，都市部では橋渡し型SCは比較的豊かであるが地縁などの結合型SCが希薄であるため結合型SCの地縁活動を行う「町内会自治会」などの活動を活性化するような介入を行う必要がある。

また，準都市部では，居住歴の長い者の多く住む小学校区では橋渡し型SCの代理変数である「NPO法人」などの活動を活性化する介入を，逆に居住歴の短い者の多く住む小学校区では結合型SCの代理変数である地縁活動を行う「町内会自治会」などの活動を盛んにするような介入を行う必要があるわけである。さらに，居住歴の長い住民と短い住民の混在する新旧混合地区では，その双方を駆使する必要も出てくるだろう。

以下に，SCの地域差を鑑みた事例研究を行ってみたい。ここでは，紙幅の都合上，地域在住住民に身近な子育て支援と介護予防に焦点を絞って事例研究を行う。

たとえば，都市部の京都市上京区[3]は，結合型SCは希薄だが，橋渡し型SCは豊かな地域だということになる。京都市は，地域包括支援センター（「高齢サポート」）のほかに，おおよそ中学校区にひとつ「地域介護予防推進センター」を設けて介護予防を行っている。橋渡し型SCが豊かであるため，橋渡し型SCの「NPO法人」などによる転倒骨折予防のための体操教室や「スポーツの会」，および認知症予防や閉じこもり予防のための「趣味の会」や，「ボラ

ンティアの会」などへの参加機会も多い。

　加えて，区社協が主導して，結合型SCの「町内会自治会」レベルで実施される「健康すこやか学級事業」も行っている。この事業は，区内の小学校区ごとに16あり，小学校や地域包括支援センターなどを会場として，月1回〜2回程度から週1回の頻度で，転倒骨折予防のための体操や，認知症予防のための合唱，折り紙，塗り絵，ゲーム，および閉じこもり予防のためのサロンなどを開催するものである。つまり，上京区は，橋渡し型SCが豊かな都市部にありながら，結合型SCの「町内会自治会」レベルの活動も駆使した介護予防を行っていることになる。

　また，準都市部の島根県松江市の宍道地区（小学校区）[4]は，平成の大合併後に松江市と合併した居住歴の長い者が多く住む田園地帯で，結合型SCである昔ながらの地縁が強い地域である。結合型SCの「町内会自治会」加入率も，約8割弱と非常に高い。したがって，橋渡し型SCを強化する必要があるわけである。

　宍道地区では，子育て支援を行うにあたり，JR宍道駅前にある行政の「子育て支援センター」と「NPO法人もりふれ倶楽部」という橋渡し型SCの「NPO法人」が協働している。「もりふれ倶楽部」は，宍道町内にある「宍道ふるさと森林公園」という森林の広大な自然に親しむ施設の運営を担っている。協働の事例としては，たとえば，「子育て支援センター」に集まるおおむね3歳〜小学校就学前児童を対象として，「NPO法人もりふれ倶楽部」が，木の実を使ったやじろべえづくりや，檜の皮の紙すきなどを指導している。これらの行事には，宍道町外からの親子の参加も可能で橋渡し型SCの強化につながっている。なお，松江市は，2017年度の民間団体の調査で，子育てしやすさ全国3位に選ばれた[5]。

　さらに，農村部の三重県伊賀市[6]は，昔ながらの地縁の強い結合型SCの豊かな地域である。したがって，橋渡し型SCを豊かにする介入を行う必要がある。

　介護予防に関しては，市社協のCSWがコーディネートして，橋渡し型SCで

ある「趣味の会」（音楽療法のための合唱・大正琴教室など）や，「ボランティアの会」への参加をうながしている。また，閉じこもり予防のための「ふれあい・いきいきサロン」の活動が非常に盛んな市でもあり，このサロンにおいて転倒骨折予防のための体操教室を行うこともある。なかには，結合型SCの「町内会自治会」が，自ら橋渡し型SCの「NPO法人」を立ちあげて介護予防を行っている地区もある。

また，子育て支援に関しては，行政の「子育て支援センター」内の多目的ホールを借り，住民主体の8つの子育て支援サロンが開催されている。このサロンは，町を超えて親子が集まってくるため，橋渡し型SC的要素をもっている。伊賀市の調査によれば，就学前児童をもつ保護者の75.3%が，伊賀市は「とても子育てしやすい」と回答しているという（伊賀市 2015）[7]。

このように，結合型SCの「町内会自治会」や，橋渡し型SCの「NPO法人」および同じく橋渡し型SCの「趣味の会・スポーツの会・ボランティアの会」などへの参加をそれぞれの市町村の都市類型を把握した上で，SCの地域差を鑑みながら豊かにしていくことは，包括的支援を行う上で重要である[8]。

第5節　おわりに

以上，包括的支援体制における現状の課題を克服すべく，SCの下位概念に着目した介入を行うことの有用性とその具体的方法を，実証研究の結果に基づいて論じた。

ひとつの家族の中には，要介護状態の父親がいて，夫を介護する介護予防が必要な母親もおり，父の介護を手伝う子育て中の娘もいて，そういった家族の問題に関わろうとしないひきこもり青年がいるかもしれない。そういったきわめて今日的で複層的な福祉課題を解決する政策として，包括的支援の理念はまちがってはいない。

しかしながら，その実施には，様々な困難が伴っている。財政的課題，介護関係部署と子育て支援部署および障がい者支援部署などが別々である縦割り行

政の課題や，農村部・準都市部におけるマンパワーや社会資源の不足などの問題を克服するために，SCの下位概念である結合型SCと橋渡し型SCに着目した包括的支援の有効性は高い。

今後は，SCの地域差も鑑み，都市類型や地域のニーズを十分に把握した上で，結合型SCとしての「町内会自治会」や「民生児童委員」，地域のボランティアである「地区社協」などや，橋渡し型SCの「NPO」「NPO法人」などを駆使した包括的支援の実施が望まれる。

ところで，実際の包括的支援の現場で，社協のCSWや地域包括支援センターの社会福祉士などの専門職は，具体的にどのような地域援助技術の理論に依拠して介入を行えばよいのだろうか。

次章では，この地域援助技術の理論を米・英の歴史的背景を交えてまとめる。

＊本章は，同志社大学大学院博士学位論文・川島典子（2019）『ソーシャル・キャピタルに着目した包括的支援―結合型SCの「町内会自治会」と橋渡し型SCの「NPO」による介護予防と子育て支援―』同志社大学，の一部を引用した。

注）
1）川島典子（2013）「ソーシャル・キャピタル構築への介入が介護予防に及ぼす効果に関する研究」『第26回日本保健福祉学会学術集会抄録集』（第26回日本保健福祉学会学術集会優秀演題賞）日本保健福祉学会，を参照のこと。
2）厚生労働科学研究費補助金（長寿科学総合研究事業-H22～H24-長寿-指定-008）「介護保険の総合的政策評価ベンチマークシステムの開発」（研究代表者：近藤克則）。
3）人口84,953人，世帯数43,304，高齢化率25.5％（2009年現在），合計特殊出生率1.09（2016年現在）。
4）人口8,771人，世帯数3,097（2017年現在），自治会加入率78.1％。
5）そのほか，松江市では，包括的支援体制構築に向け，市社協が行っている「福祉なんでも相談」（総合相談）で把握したケースを市社協内で情報共有するための情報システムの構築を進め，「総合相談調整室」を設置。全世代・全対象型の相談対応を行う際の連携方法や，地域包括支援センターのエリアおよび公民館・地区社協エリアにおける相談支援のあり方などのコントロールタワー的な役割をもたせるシステムを構築してもいるという（日本総合研究所 2018）。
6）人口93,392人，高齢化率31.5％，合計特殊出生率1.6（2017年現在）。

7）そのほか，伊賀市では，地域包括支援センターを核とした包括的な相談体制を整備し，地域包括支援センターと市の福祉相談調整課に「相談支援包括化推進員」を配置して，市や市社協など多機関の協働による包括的支援体制構築を目指してもいる（日本総合研究所 2017）。
8）第4節は，川島典子（2019）「包括的支援における子育て支援―ソーシャル・キャピタルの下位概念の地域差に着目して―」『日本ジェンダー研究』第22号より引用した。

参考文献

東一洋（2003）「ソーシャル・キャピタルとは何か―その研究の変遷と今日的意義について」『ESP豊かな人間関係と市民活動の好循環を求めて』2003年9月号，No. 377，経済企画協会

伊賀市（2015）『子ども・子育て支援事業計画 概要版』伊賀市こども未来課

市田行信・吉川郷主・平井寛・近藤克則・小林慎太郎（2005）「マルチレベル分析による高齢者の健康とソーシャル・キャピタルに関する研究」『農村計画論文集』第7集 第24巻

市田行信（2007）「ソーシャル・キャピタルの定義と測定」近藤克則編『検証「健康格差社会」介護予防に向けた社会疫学的大規模調査』医学書院

稲葉陽二（2007）『ソーシャル・キャピタル「信頼の絆」で解く現代経済・社会の諸課題』生産性出版

稲葉陽二（2011）『ソーシャル・キャピタル入門 孤立から絆へ』中公新書

稲葉陽二・大守隆・近藤克則・宮田加久子・矢野聡・吉野諒三編（2011）『ソーシャル・キャピタルのフロンティア―その到達点と可能性』ミネルヴァ書房

稲葉陽二・吉野諒三編著（2016）『ソーシャル・キャピタルの世界―学術的有効性・政策的含意と統計・解析手法の検証』ミネルヴァ書房

太田ひろみ・山内亮子・場家美沙紀・石野晶子・鈴木朋子・井上晶子（2018）「地域のソーシャル・キャピタルと乳幼児を育てる母親の育児不安に関する研究」『杏林CCRC研究所紀要』杏林大学

大野真鯉（2010）「町内会・自治会が福祉系NPOを創出するプロセス―地域リーダーの役割に焦点をあてて」『社会福祉学』Vol. 51-3（No. 95）

川島典子（2010）「ソーシャル・キャピタルの類型に着目した介護予防サービス―結合型SCと橋渡し型SCをつなぐソーシャルワーク」『同志社社会福祉学』第24号，同志社大学社会福祉学会

川島典子・福島慎太郎（2013）「介護保険のベンチマーク開発におけるソーシャル・キャピタルに関わる指標の地域差に関する研究」近藤克則ほか，厚生労働科学研究費補助金（長寿科学総合研究事業-H22～H24-長寿-指定-008）『介護保険の総合的政策評価ベンチマークシステムの開発 平成22年～24年総合研究成果

報告書』厚生労働省
カワチ・イチロー，ブルース・P・ケネディ著，近藤克則ほか訳（2004）『不平等が健康を損なう』日本評論社
カワチ・イチロー，ダニエル・キム著，藤澤由和ほか訳（2008）『ソーシャル・キャピタルと健康』日本評論社
近藤克則編（2007）『検証「健康格差社会」介護予防に向けた社会疫学的大規模調査』医学書院
鹿毛利枝子（2002）「ソーシャル・キャピタルをめぐる研究動向（一）―アメリカ社会科学における三つの『ソーシャル・キャピタル』」『法学論叢』151
厚生労働統計協会（2017）『国民の福祉と介護の動向・厚生の指標 増刊』第64巻第10号，厚生労働統計協会
内閣府（2016）『ソーシャル・キャピタルの豊かさを生かした地域活性化』滋賀大学・内閣府経済社会総合研究所
内閣府国民生活局（2003）『ソーシャル・キャピタル―豊かな人間関係の構築と市民活動の好循環を求めて』国立印刷局
日本総合研究所（2017）「全世代・全対象型地域包括支援体制の構築に向けた評価指標に関する調査研究」日本総合研究所
日本総合研究所（2018）「地域力強化および包括的な相談支援体制の推進に関する調査研究」日本総合研究所
埴淵知哉編著（2018）『社会関係資本の地域分析』ナカニシヤ出版
福島慎太郎・吉川郷主・市田行信・西前出・小林慎太郎（2009）「一般的信頼と地域内住民に対する信頼の主観的健康感に対する影響の比較」『環境情報科学論文集』23，環境情報センター
藤澤由和・濱野強・小藪明生（2007）「地区単位のソーシャル・キャピタルが主観的健康感に及ぼす影響」『厚生の指標』54(2)
宮川公男・大守隆編（2004）『ソーシャル・キャピタル 現代ガバナンスの基礎』東洋経済新報社
宮田加久子（2011）「座談会―ソーシャル・キャピタルの多面性」稲葉陽二・大守隆・近藤克則・宮田加久子・矢野聡・吉野諒三編『ソーシャル・キャピタルのフロンティア―その到達点と可能性』ミネルヴァ書房
森裕亮・新川達郎（2013）「自治会を基盤としたNPO生成のメカニズムと効果―事例研究を通して」『ノンプロフィット・レビュー』日本NPO学会
山口のり子・尾形由紀子・樋口善之・松浦賢長（2013）「『子育ての社会化』についての研究 ソーシャル・キャピタルの視点を用いて」『日本公衆衛生雑誌』60(2)，日本公衆衛生学会
Aida, J., Kondo K., Ichiro K., Subramanian, S. V., Ichida, Y., Hirai, H., Naoki, K., Ken, O., Sheiham A., Tsakos, G. and Watt, R. G.（2013）Does Social Capital

Affect the Incidence of Functional Disability in Older Japanese? A Prospective Population-based Cohort Study, *Journal of Epidemiology and Community Health*, 67(1).

Fujiwara, T. and Natsume, K. (2012) Do home-visit programa for mothers with infants reduce parenting stress and increase social capital in Japan? *Journal of Epidemiol Community Health*, 66(12).

Islam, MK, Merlo, J., Kawachi, I., Lindstrom, M., Gerdtham, UG. (2006) Social capital and Health: Does Egalitarianism Matter? A Literature Review, *International Journal for Equity in Health*, 5(3)

Kim, D. and Kawachi, I. (2006) A Multilevel Analysis of Key Forms of Community-and Individual-Level Social Capital as Prediction of Self-Rated Health in The United States, *Journal of Urban Health*, 83(5).

Kinsha, A. and Uphoff, N. (1999) *Mapping and Measuring Social Capital*, Social Capital Initiative Working Paper, No. 13, Washington D. C.: The World Bank.

Narayan, D. (1999) *Bonds and Bridges: Social Capital and Poverty*, PREM. THE World Bank.

Pitkin, Derose K. and D Varda, D. M. (2009) Social Capital and Health Care Access: A Systematic Review, *Med Care Res Rev*, 66(3).

Putnam, R. D. (1993) *Making Democracy Work: Civic Traditions in Modern Italy*, Princeton: Princeton University Press. (=河田潤一訳（2001）『哲学する民主主義―伝統と改革の市民的構造』NTT出版）

Putnam, R. D. (2000) *Bowling Alone: The Collapse and Revival of American Community*, New York: Simon and Schuster. (=柴内康文訳（2006）『孤独なボウリング―米国コミュニティの崩壊と再生』柏書房）

第7章 地域援助技術の歴史と新たな発想の展開

第1節 民間福祉活動の変遷と地域援助技術の組成

(1) 民間福祉活動の変遷と波及

　地域援助技術を生み出した実践の源流は，1710（宝永7）年に発生したドイツのハンブルク市でのペストの流行に際し，その対策として市衛生協会が創設された史実まで遡る。この翌年に，同協会内でハンブルク・システムという事業の実施部門が設立され，これが1852（嘉永5）年に同じドイツのエルバーフェルト市で施行されたエルバーフェルト制度に発展した。

　これは同市を546の小地区に分割し，おのおのに救貧委員を配置して貧困者への指導を担当させた制度である。そうした実践が後述する英・米での友愛訪問の活動，さらには慈善組織協会の組織化へと進展した。それだけでなく，戦後の民生委員制度に継承された岡山県の済世顧問制度や大阪府の方面委員制度の発足にまで影響が及んでいる。

　19世紀のイギリスでは，生活が困難な小地域へ有識者が意図的に入り込んで定住し，その地域住民と交流しながら生活改善を促す「セツルメント運動」が展開していた。この友愛訪問の活動が19世紀後半には全盛期を迎え，こうした民間福祉活動の効率化を目的として，1869（明治2）年にロンドン慈善組織協会（Charity Organization Society：COS）が設立され，これがソーシャルワークの理論形成の母体ともなった。

　このような活動がアメリカにも波及し，1877（明治10）年にニューヨーク州バッファロー市でCOSが組織化された。また1909（明治42）年には，ミルウォーキーとピッツバーグの両州で，最初の社会福祉協議会となる社会事業施設協議会（Council of Social Agencies）が結成されている。

(2) 地域援助技術の組成と視点の違い

　先述した友愛訪問の活動が米国へ波及してCOSが組織化された後，そうした活動が一定まとまり始めた1910年代以降に，地域援助技術はコミュニティ・オーガニゼーション（Community Organization：CO）として系統的に組成され始めた。

　このCOは，民間福祉活動に関与する諸機関の連絡調整，地域社会の問題把握のための調査，募金を促す目的の広報などの技術として蓄積され，多くの論者によって多様な定義が示された。なかでもレイン（Lane, R. P.），ニューステッター（Newstetter, W. I.），そしてロス（Ross, M. G.）らによる功績は，ソーシャルワークの専門技術としてCOを確立させるのに貢献し，日本の地域福祉の基礎理論にもなった。この主要な3人によるCO論の概要は，次の通りである[1]。

1) ニーズ・資源調整説

　1939年の全米ソーシャルワーク全国会議で採択された『COの討議計画に関する起草委員会報告書―レイン委員会報告』は，CO論の体系化をめざしたものである。レインを委員長とした同報告書では，COの一般的目標を「社会福祉資源と社会福祉ニードとの間に，より効果的な適応を期し，かつそれを保持すること」と規定した。さらに，これを達成するための手段として，計画や事業の創造，そして連絡調整の推進などに論及した二次的目的を掲げている。

　こうした考え方はニーズ・資源調整説と呼称され，以降のCO実践の教科書的な定説となった。今日に至るまで，ニーズと社会資源の種類，その構造などを把握する調査活動の重視，また両者の調整のためにワーカーが解決方法を計画し，さらに住民参加も促していく技法は，ニーズ・資源調整説を基礎としている。

2) インターグループ・ワーク説

　インターグループ・ワーク（inter-group work）は，地域社会の問題解決を目的とした協力体制の組織化を進めるために，事業やサービスに関係する機関・団体・グループ，そして個人との相互関係を改善や促進して，連絡調整を図る

CO論である。ピッツバーグ大学のニューステッターが構想し、1947年の全米ソーシャルワーク全国会議で理論的に強化した同説を発表して、この技術は確固たる影響力をもち得た。

各種のグループで構成される地域社会は「組織間の相互の満足すべき関係」や「組織によって選択され、受容された社会的目標」が一定の関心事となり、それらをもって地域社会は、コミュニティとグループとの相互作用やグループ同士の相互作用によって発展していく。

こうした事実を重視したニューステッターは、
① 目標の達成に関わり、構成する諸集団の関係を調整し、満足のいく関係を創る。
② 諸集団の代表との間に、十分な意思疎通と相互関係を図る。

以上の2点を手段として、地域問題の組織的な解決をするインターグループ・ワーク説を確立したのである。

この技術により、ネットワークなどが未発達な地域でも、そうした地域を構成する各種の下位集団から、その集団の利害や関心を反映できる代表者を選ぶことが、関係者の果たすべき役割として認識された。そして機関・団体・グループなどの代表者が必要な協議会を組織し、地域社会の全体的な調和をもたらすと共に問題解決を図る技法として、インターグループ・ワーク説は現在でも重視されている。

3) 統合化説

トロント大学のロスは『コミュニティ・オーガニゼーション：理論と原則』を1955年に著し、CO実践の分析の一般化・理論化を図った。同著でロスは、住民の自発的な参加とそれによる地域社会の統合を重視し、COを「共同社会がみずから、その必要性と目標を発見し、それらに順位をつけて分類する。そしてそれを達成する確信と意志を開発し、必要な資源を内部外部に求めて、実際行動を起こす。このようにして共同社会が団結協力して、実行する態度を養い育てる過程」と定義した。

さらにロスは、CO実践では「単一目標」と「全般的目標」と「過程の目

標」を追求する3つの方法があるとし、前者の2つは具体的に達成すべきタスク・ゴール（課題目標）と、そして後者は課題の達成に至るまでの内容を重視するプロセス・ゴール（過程目標）と規定した。

そのうえでロスは、COの展開を容易にする指標として、住民の多数が関心を抱く目標を確保するために組織された団体（委員会・協議会・協会・審議会など）の機能に着目した。こうした住民によって構成される団体の組織化により、課題解決（タスク・ゴール）に至るまでの手続きなどの内容を重視するプロセス・ゴールの意義をロスは強調したのである。このような住民参加による地域社会の協働の態勢づくりをプロセスとして重視する技法は、統合化説と称された。

以上が、今日まで影響力をもつ古典的なCO論となる。これらの理論は、都市化などの進行により解体しつつある地域の再組織化を図る点で共通する。けれども前者の2つの技術が、ワーカーが地域へ働きかける専門性を示したのに対し、後者の統合化説は関係する住民が活動する視点を与えた論理に違いがあり、この差異は以降の地域援助技術にも反映されていく。

また3つのCO論は、日本の社会福祉協議会（以下、社協）の発展にも寄与している。ニーズ・資源調整説とインターグループ・ワーク説は、社協の創設期に組織形成の基礎となる学説となった。それに対して統合化説は、1962（昭和37）年に策定された『社会福祉協議会基本要項』の第1条に理念として取り込まれ（後に住民主体の原則として関係者に周知される）、このあり方でCOの方法を地域社会に適用することが、社協の基本的な機能であると明文化された。

第2節　社協活動の揺らぎと地域援助技術の二極分化

(1) 社協の創設と活動の揺らぎ

戦後、GHQ（連合国最高司令官総司令部）の指導によって社協が創設された際、古典的なCO論は追ってその理論が導入されている。戦前の福祉団体の整理統合や共同募金運動の補完の目的も兼ね、社協は組織されたのを経緯とするが、

その団体が有する民間性については，今日まで論議の的となっている。これまでなされた批判を振り返ると，我が国の社協が「上から」創られた史実を指摘する主張が多い。しかしそれだけでは，緻密さに欠く論拠となる。

　アメリカの地域援助技術の通史では，セツルメント運動やCOSの発展とCO論の蓄積には密接な関連があった。日本でもセツルメントは「隣保事業」と訳され，1897（明治30）年には最初の隣保館が開設されている[2]。けれども，そうした戦前の民間福祉活動の所産はほとんど継承されないまま，目まぐるしい機運を伴って社協は市町村段階までの結成が進んだ。この継承されるべき歴史の断絶と組織形成の拙速さこそが，社協の民間性をあいまいにした根本原因となる。

　このために，CO論の解釈と社協活動の展開が同時並行的に進む事態を招いた。既述した社協基本要項における住民主体の原則は，長らく社協現場での活動規範とはなったが，その方向性を与えたロスの統合化説をどれだけ十分に理解し，そしてプロセス・ゴールの達成へとつなげたかどうかは，すべての関係者が省みる余地がある。

　結局，こうしたプロセス・ゴール達成に対する確証のなさが，1990年代からの市町村重視と在宅福祉を拡充する福祉政策の時代を迎え，社協活動の展開に揺らぎを与える伏線となっていく。

(2) 現代の主要な地域援助技術

　地域援助技術は，米・英間で双方の理論が相互に影響しあい，そして今日まで両者の概念は統一をみていない。このために，COとコミュニティワークは理論的に同質なのか異質なのかの議論は平行線を辿り，その理論の全体像を総括するのも至難の業となる。

　この状況もふまえ，あえて現在の地域援助技術の概観を述べると，COの伝統を継承する米国では，地域社会の問題解決に力点を置くのに対し，後述するコミュニティケアを基軸としたイギリスでは，要援護者の支援を図る技術への志向性が強いといえる[3]。

1) コミュニティ・インターベンション

現代のCO論で頻繁に引用される論説としては、ミシガン大学のロスマン (Rothman, J.) による3つの方法モデルを応用するコミュニティ・インターベンション（Community Intervention）がある。この理論の内容については、すでに拙著で紹介しているので、本章ではその概要を述べるにとどめる[4]。

① 地域開発モデル：住民参加を重視しつつ、コミュニティの組織化を図る。
② 社会計画モデル：効率的な社会資源の配分による課題達成を目標とし、

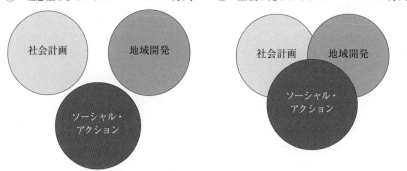

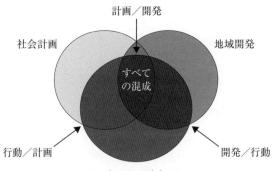

図7-1　コミュニティ・インターベンションの方法モデルの位置関係
（出所）　Rothman（2001：47-48）を翻訳して合成

それを可能にする計画の立案を機能とする。
　③　ソーシャルアクションモデル：不利益を被っている住民が組織化し，地域社会の変革を図る。
　以上の3つの方法モデルを2つずつ混成し，「開発／行動」「行動／計画」「計画／開発」の複モデル（Bimodal）を組成して，コミュニティの問題解決を図るのを技法とする理論である（図7-1を参照）。
　こうした複線思考で混合アプローチを用いる理由について，住民の価値観が多元化して相反する状況が多い現代社会では，単独のCOモデルでは十分な社会貢献が困難な点と，限られた時間で複数の成果が要求される情勢では，上述した複モデルのアプローチが有効である点をロスマンはあげている。

2)　コミュニティソーシャルワーク

　イギリスの地域援助技術は，コミュニティケア政策と不可分の関係にある。施設ケアと相対する施策であるコミュニティケアは，地域の社会資源や住民参加によって居宅の要援護者を援助するものである。当初コミュニティケアは，1859（安政6）年に成立した精神衛生法に基づく精神医療の処遇領域で実践されてきたが，現在では地方自治体が実施する個別社会サービスの供給を意味している[5]。
　この政策の歴史では，次の3つの報告書によってその方向性を規定したり，改革がなされたりしてきた。
　①　シーボーム報告（1968年）：家族志向サービスを行う部局を地方自治体に設けることを勧告した。
　②　バークレイ報告（1982年）：一人のソーシャルワーカーがクライエントを担当すべきであることを勧告した。
　③　グリフィス報告（1988年）：地方自治体の社会サービス当局は，利用可能な資源を活用すべきであることを勧告した。
　これらの報告書の勧告に従って，地方自治体社会サービス法（1970年）そして国民保健サービスおよびコミュニティケア法（1990年）が成立し，1990年代以降の同政策は民営化重視の路線が決定的となった。地方自治体はサービスを

確保する責任は負うものの，その供給を直営する義務はなくなり，有効性や費用効率性を考慮して営利・非営利を問わず民間組織のサービスを買い上げる傾向が強まっている。

イギリスの地域援助技術であるコミュニティソーシャルワークは，上記②のバークレイ報告で示された。同報告では，この技術を実施するワーカーに次のような役割を求めている。

① ケースワーク・グループワーク・コミュニティワークという従来の三方法のワーカー間の分業体制を打破する。
② 社会的ケア計画とカウンセリングを統合させ，一人のワーカーが地域で生活する要援護者をケアする。

さらに，社会的ケアでのインフォーマルなネットワークの開発やそれとの連携に同ワーカーが取り組む点も重視され，そのうえでコミュニティケアの推進では，民間の活力を積極的に開発し，民間セクターやボランティアを活用する方針も併せて強調された。

(3) 地域援助技術の二極分化

このように現代の地域援助技術では，地域社会の改善志向と個人の要援護者の支援志向とで，内容的に二極分化した傾向がみられる。これに関連した点は複数の論者が指摘しており，たとえばイギリスのソーシャルワーカーであったツウェルヴツリース（Twelvetrees 2006：1-2）は，コミュニティワークを実践するうえで，次の7つの領域で分類できるおのおのに相対したアプローチ群があると述べている。

① 「コミュニティ・ディベロップメント・アプローチ」に対する「社会計画アプローチ」
② 「セルフヘルプまたはサービス・アプローチ」に対する「影響力行使アプローチ」
③ 「ジェネリック・コミュニティワーク」に対する「スペシャリスト・コミュニティワーク」

④「プロセスへの関心」に対する「成果への関心」
⑤「ワーカーの側面的援助の役割」に対する「組織化の役割」
⑥「本来のコミュニティワーク」に対する「他の方式の取り組みにおける一つのアプローチや態度としてのコミュニティワーク」
⑦「無給のコミュニティワーク」に対する「有給のコミュニティワーク」

地域福祉の政策を成果あるものに導くためにも，方法論のアプローチが二極分化した現況を把握することは有効であるといえる。

第3節　地域福祉における様式と社会の変動

(1) 翻訳論と拡散モデルの様式

　CO論の導入と共に組織化された日本の社協は，当初プロセス・ゴールの達成に指標を定め，住民主体の原則を掲げながらの活動に専心してきた。しばらくして人口の高齢化の影響が顕著となり，イギリスのコミュニティケア政策の動向が伝わってくると，上記の実践にある種の行き詰まりを感じ，その継続の意志が揺らぎ始めるようになる。

　それは模索し続けたプロセス・ゴールの追求を小休止し，社協事業の「見える化」（可視化）へと舵を切る転機を与えた[6]。これは住民から理解されやすいタスク・ゴールへの転換となり，この点でコミュニティケア政策に影響を受けた在宅福祉の拡充は，格好のメルクマール（一里塚）となった。

　こうした揺らぎを受けて，地域福祉の研究や実践にも2つの様式の特徴が現れてくる。ひとつは「翻訳論」としての様式である。これはコミュニティソーシャルワークやケアマネジメントなど，福祉政策の時流に沿った諸外国の方法論を順次に取り込み，今日的な見える化の実践に生かそうとする潮流である。

　もうひとつは「拡散モデル」としての様式である。これは国や都道府県レベルで，主として在宅ケア関連のモデル事業が次つぎと制度設計され，それを受けた各種の実施主体から先駆的な実践が開発されると，先進地の活動事例とし

て関連する出版物や研修会などを通じ，他の自治体にも波及させていく趨勢である。

　この翻訳論・拡散モデルの傾向もあり，個別的な福祉課題を抱える要援護者に対し，担当する専門職が直接的な援助技術を駆使しつつ，ジェネリックな視点をもって間接援助技術との整合も図っていく技法が，地域福祉の本流と見なされ始めた。また，地域福祉の研究者も諸外国の方法論を紹介したり，各地の先進的な活動を調査分析したりする研究に傾注し，いつしか「COは過去の理論」と評する人も散見されるようになった。

(2)　**地域社会における近年の変動**

　このように情勢が進むさなか，地域社会では近年「目に見えない」変動が進行している。そのひとつは，市町村合併による影響である。1999年からの平成の大合併は2009年3月末で暫時終了し，全国で3,232あった市町村は1,730まで削減された。都道府県で減少率には差があるが，20の県が市町村数を半数以下に減らしている。

　この合併により，元の道県に占める割合の拡張した地方都市が多数出現した結果，広域化した基礎自治体の多くで生活基盤などの地域間格差が生じ，地域福祉の推進にも支障をきたす要因となっている[7]。

　もうひとつは，人口減少がもたらす影響である。出生率の低下と老年人口比率の上昇に伴い，継続的に出生者数が死亡者数を下回る人口減少社会に，2007年を境にして日本は陥っている。その影響は産業構造や社会保障にとどまらず，地域社会の実態にまで及んでおり，各地の自治体で限界集落の拡がりが指摘されている。

　そうした限界集落は中山間地域だけでなく，都市圏のベッドタウンにある大規模公営団地などでも同様の現象がみられている。そこでは団地の老朽化が年月を経て進み，引越しができる余裕のない単身世帯の高齢者が取り残され，周囲と孤立した形で高齢化が進行し，限界集落と同様な地域の機能不全を発生させている。

このような人口減少は，人々の精神面にまで影響を及ぼす。松谷明彦と藤正巌（2002）は「社会の存立の基盤は求心力にあり，人々は，まとまりを持つ社会があればこそ，安全と福祉を享受し得る。だから求心力の低下は人々の生活にとって脅威となる」(p.208）と述べ，それが社会のもつ求心力を低下させる要因となるのを危惧している。

以上の相関する影響が指摘される地域社会の見えない変動に対し，「見える化」の実践に見合った方法論だけで対処するのは，心許なさが残る。それゆえにCO論をむやみに捨象するのではなく，そうした知見も生かした人間関係の再構築を図り，地域再生をめざすことが当面の取り組み課題となる。

(3) メタ理論のパラダイム転換

こうした中で，1987（昭和62）年に設立された日本地域福祉学会は，三十余年の歳月をもって，幾多の研究者を輩出する母体となってきた。けれども今日に至るまで，当学会が満足できる回答を見いだしていない設問がある。それは「いかにして多様に地域福祉を拡充させるか」という（コミュニティの力量形成の）問いかけである。

この問いに対して同学会員は，前述した拡散モデルの様式によるアプローチ以外の方策を多分に持ち合わせていない。これに答えるには，地域福祉の根本的な理論構造に立ち戻る必要がある。

ここで，地域福祉のメタ理論について論究してみたい。メタ理論とは，理論を解釈するための理論をいう。大学にある福祉系の学科の多くが，社会科学系の学部に属している経緯もあり，社会福祉学は社会科学をメタ理論とする学問と思われがちである。けれども，ケースワークなどの直接援助技術は，それをメタ理論とはしない。

それでは間接援助技術と整合する地域福祉論は，何をメタ理論として考えるべきなのか。杉岡直人（2001）は「地域福祉には定説としての定義がなく，地域福祉学なる学問的体系も存在しない」(p.30）と述べている。これは，メゾ領域にある地域福祉がメタ理論を規定する際，論者によって差異が生じる様を言

い表している。つまり，政策や社会を重視する論者と，コミュニティや住民を重視する論者とでは，メタ理論の規定から出発点が違い，それが地域福祉の定義の確立を拒んでいるのである。

通常，社会科学をメタ理論に規定すると，論理実証主義を指針として選択する。そこで使われる論理的言語は，外界の事実を写し取ることが可能とされる。さらに社会調査などで用いられる数学言語も，実証するのに有用な道具と評価される。

こうした論理のあり方は「先進地の実践活動をモデル化して広める」ことを是とする，拡散モデルを様式とした地域福祉にも適合する。そして実際，人口が右肩上がりをしていた時期に，この様式による地域福祉は一定の成果を収めてきた。そこでは研究者も，先進地の実態調査やその量的な分析をすれば，しかるべき業績として認められた。

しかしこの様式での地域福祉が，広域化して人口減少も進む地域において，今後とも有効に作用しうるかは慎重な判断を要する。もしそれで特定の難局が打開し切れない場合，「我々が理解している世界は，客観的な実在として真理を写し取れるもの」といった認識ではなく，「社会的な相互作用の所産として理解する」という見方が採用される。最近の地域援助技術の研究動向をみると，この着想での技法が実用化されている場合が多い。その実践の内容を次節でみていく。

第4節 メタ理論を転換した地域援助技術

(1) 合意の組織化論

アメリカのジョージア州立大学のオーマーとソーシャルワーカーのデマシィ (Ohmer & DeMasi 2009：70-72) は，地域でのアウトリーチとは次元が異なる「合意の組織化論」(Consensus Organizing) を提唱している。ここでのアウトリーチとは，公的な事業体によるサービス提供のプログラムに組み込まれた技法を指している。そうした事業体は一般的な解決方針をもって判断するため，

住民との会話はサービス内容やプログラムなどの一方的な説明に終始しがちとなる。

これに対して合意の組織化では，担当するワーカーが特定の問題の情報を得た後，その解決のために住民と協調した実践を図る。この実践について両氏 (Ohmer & DeMasi 2009：73-87) は，次の9つの段階をもって推進していくと述べている。

段階1）コミュニティの分析を行う

担当ワーカーは，地域の関心や強み，そして資源を特定することから始動する。この際，住民の特性や地域の歴史を理解して「住民が何を大切に思うか」，さらに「地域問題に取り組むために，住民が何をしてきたか」の実態を把握する。

段階2）人間関係を構築する

関心をもって理解する態度で担当ワーカーは住民に接し，コミュニティの改善に興味がある人物を特定する。そのうえでワーカーは，地域でのグループや組織で行動する機会をもつことに取り組んでいく。

段階3）相互に有益な事業を策定して実施する

住民が当面の問題解決を図るのを支援することで，担当ワーカーは信頼を得る。そのために「勝算のある」小規模な事業を実施し，共通の課題に人々を集めようとワーカーは働きかける。こうした事業を開発するうえでワーカーは「誰がよく一緒に働くか，どのような連携を強化すべきか」という判断を図る。

段階4）情報を広める

合意の組織化では，戸別配布されるコミュニティの広報誌が情報を広める媒体として用いられる。新しい方法や改良された方法を開発するためにも，地域分析で収集した情報をワーカーは効果的に発信する。

段階5）中核グループを形成する

段階3の事業により「コミュニティの改善のために，どの住民が熱意をもって役割を果たすことに積極的か」をワーカーは把握する。その見極めを図ったうえで，ワーカーが強力な中核グループを育成することは，最も重要な技法と

なる。このグループによって地域変革のためのビジョンが構想され，さまざまな観点の相互理解を促進し，さらにグループ全員が関心を寄せる目標へと合意を到達させる支援をする。

段階6）戦略を開発する

上記の中核グループは，他の住民にとっても重要な問題解決を図る戦略を巡らす。このプロセスによって中核グループは課題を明確に把握し，また担当ワーカーもその支援をすることができる。

その戦略の展開では，① 対話集会の開催，② 実行委員会の発足，③ 事業や議論における外部の参加者の巻き込み，などが検討される。

段階7）内外の資源の協力者を特定する

問題解決のために協力関係を築くことは，合意での組織化の基本的な価値となる。たとえば，地域が安全問題に取り組む場合，地元企業や警察，そして自治体や住民が協力者の候補となる。このように，内外の資源の協力者を特定することを地域が学ぶのは重要であり，それを支援するためにワーカーは住民と協力する。

段階8）行動計画を策定して実施する

この段階では行動計画を策定し，具体的な手順などのより詳細な情報を住民に提供する。そうした行動計画が従来の計画策定の過程と異なる点は，人間関係の構築や相互に有益な事業により，コミュニティの改善への機運を高める側面にある。

行動計画を実施する際には，実行委員会が組織される。そのリーダーや調整役は中核グループのメンバーが担い，他のコミュニティの利害関係者や住民は委員を務める。

段階9）持続可能な近隣社会を開発する

最終的に，担当ワーカーは「持続可能な近隣社会の開発に貢献しているか」を自問する。そうした近隣社会の実現をめざし，合意の組織化では「結果よりもプロセスが重要である」と認識する。その価値は，近隣社会が継続的な問題解決のために，効果的な人間関係と協力関係を構築して維持する点にある。

以上の段階を経て，合意の組織化は終結する。そこでは個人や家族，さらにコミュニティの能力の強化が目標とされる（図7-2を参照）。

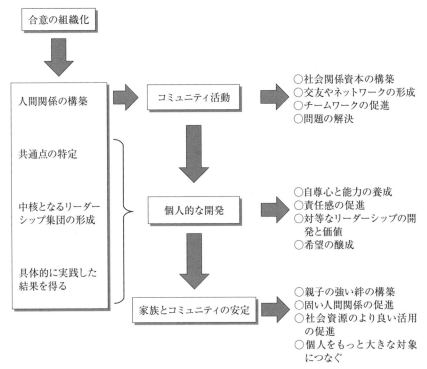

図7-2　合意の組織化の過程－個人・家族・コミュニティの強化
（出所）　Ohmer & DeMasi（2009：73）を翻訳

そのうえで担当ワーカーは，調停者・仲介者・橋渡し役を含む多彩なジェネラリストとしての役割を担いながら，住民のグループ間の人間関係を構築していく。

(2) **地域でのソーシャルワーク**
　この合意の組織化論と同系統にある技法は，イギリスでも実践や研究が行われているのが注目される。ブリストル大学のテーターとバース大学のバルド

ウィン（Teater & Baldwin 2012：15-16）は，地域社会での実践が「住民主体という集合体によってなされた行為」と認識し，人間科学である社会構成主義の理論をメタ理論とした「地域でのソーシャルワーク」(Social work in the community) を提唱している。

この社会構成主義について，第一人者であるガーゲン（Gergen 2004）は「私たちの理解は，私たちを取り巻く『関係』から要請されるもの」(p.73) と解説する。そこでは記述や説明などあらゆる表現の形式は，人々の関係から意味を与えられるものと理解する。この考え方を観点とした地域援助技術では，客観的な実在としてコミュニティを認識するのではなく，社会的な相互作用の所産として理解する。

この視点で地域でのソーシャルワークを進めるために，両氏はリーズ・メトロポリタン大学のホウティンとパーシィ・スミス（Hawtin & Percy-Smith 2007）が「コミュニティの構成員集団のニーズを包括的に記述すること，ならびにコミュニティでの生活の質を改善するための行動計画やその他の方法の構築を目的として，それをコミュニティ自体の積極的な関与により実行するもの」(p.5) と定義する，コミュニティ・プロファイリングの技法を支持する[8]。

これに従ってテーターとバルドウィン（2012：83-92）は，独自の「コミュニティ調査」の実施を提案する。このコミュニティ調査では，地域に住む要援護者のニーズをサービス提供者などが認定するのではなく，要援護者本人の視点や経験から自らのニーズを特定する。そのうえでワーカーは地域のニーズを住民と共に評価し，コミュニティの長所や社会資源の理解を深めていく役割を果たしていく。

以上のような米・英の新しい地域援助技術は，一見してわかる通りロスの統合化説の発展形と理解される。半世紀以上に亘って同説は，コミュニティの力量形成を図るテキストとして評価されているわけである。長年，日本の地域福祉の関係者が腐心して追い求めてきた「住民主体の原則」の理想は，実はこうした方法論のアプローチにより，その実体が把握される概念であったといえる。

第5節　実践科学としての本質と将来像への思考法

(1) 実践科学としての本質

　研究動向の近況について，岩田正美（2011）は「社会福祉研究には，他の分野以上に『流行』に流される傾向がある。介護に焦点が置かれれば，皆が介護を取りあげ，地域福祉の時代だということになれば，皆がそちらを向く」（p.ⅰ）という感慨を漏らしている。今後ともそうした傾向は続くと思われるが，地域福祉論が地域福祉学へと飛躍するうえでの要件については，冷静に考えるべき時期に来ている。

　まず，実践科学としての本質を有していることが，地域福祉学としての必要条件となる。この実践科学とは，学会などで研究者と実践者が一堂に会して，交流したり情報交換しあったりする様を表現するものではない。そうではなく，各種の法制度下にある公的な実践現場にあって，住民を含む利用者と専門職，さらには地域にある組織・団体などの社会資源との連携をもって，特定の問題に対するソリューション（解決への技術と力量）を高める実践経験により，新しい知を創成していく研究こそが，実践科学と呼ぶに値するものとなる。

　そこでは，研究者の学問知と実践者の実践知は等価値であり，研究者と実践者の立場も対等である。否，それにとどまらず，状況に応じて研究者が実践を図り，実践者が探究を進めていく展開が求められる。こうした協働の態勢の先に，実践科学としての地域福祉には望ましい展望が拓けてくる。

(2) 地域福祉学の体系化と将来像への思考法

　次に，学問としての体系化を追究していることが，地域福祉学の十分条件となる。ここでの体系化とは，専攻する学生に勉学の便宜を図るために整えるものではなく，先述した実践科学としてのソリューションを高める探究の道筋を示す目的で構成される。そこでは，地域社会の変動がもたらすニーズの複雑化にも対応できるよう，方法論をその一角とすることで，実践科学としての方策を示しうることが要点となる。こうした地域福祉学の体系化は，下図のような

全体像でその骨格が描かれる。

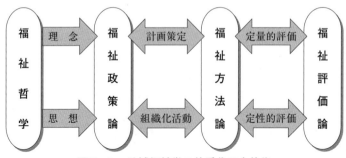

図7-3　地域福祉学の体系化の全体像
（出所）筆者作成

　これまでの翻訳論による研究蓄積もあって，ノーマライゼーションをはじめとする数多くの理念や思想が福祉哲学として派生してきた。これらの中のいくつかは福祉政策の指標にもなり，その具現化が地域福祉の政策論でも鋭意検討されている。

　そして現在，共生（conviviality）を理念とする「地域共生社会の実現」が社会福祉法の改正に伴う政策テーマとして浮上した。そこでは住民を含む多様な主体をもって，地域を共創していく社会が目標とされている。またこの指針では，住民が「我が事・丸ごと」として地域づくりに励むことがうたわれた。それでは住民に，これを我が事と自覚させる「社会的な仕掛け」は何なのか。さらに，こうした仕掛けをいかに展開するのかが，実践科学としての地域福祉には問われる。

　先述した地域社会における変動がもたらす諸影響を考えると，メタ理論を転換した「考える地域主義」の地域援助技術も必須の技法となる，というのが本章での結論となる。加えて上図には，紙幅の関係で論考できなかったが，タスク・ゴールのみならずプロセス・ゴールにも，的確な定量ならびに定性的な評価を下す責務が地域福祉学にあることを含んでいる。

　今後とも地域福祉には，福祉政策で打ち出された諸目標を達成するために，実践で錬成された方法論が大切になるのは論を俟たない。そこでは，要援護者

と専門職との支援関係に焦点化した地域援助技術のみならず，コミュニティの力量形成への答えとなるような住民の主体性を導く技法も，併せて検討すべきテーマとなっていく。

注）
1) 主要な3人によるCO論の詳細とその出所については，瓦井（2011：2章）を参照。
2) 片山潜により，東京神田三崎町に「キングスレー館」が開設されたのが最初となる。
3) しかし英国でも，住民を主体としたパートナーシップによるまちづくりは，コミュニティディベロップメントとして実践や研究がされている動向には注意を払う必要がある。中島（2005：57-64）を参照。
4) ロスマンによるコミュニティ・インターベンションの詳細とその出所については，瓦井（2011：3章）を参照。
5) コミュニティケア政策およびコミュニティソーシャルワークの詳細とその出所については，瓦井（2011：4章）を参照。
6) この福祉政策上の転換点は，1990（平成2）年の「老人福祉法等の一部を改正する法律」の制定，いわゆる社会福祉関係8法改正にみることができる。さらに1992（同4）年に全社協が策定した『新・社会福祉協議会基本要項』は，その8法改正が示した方向性を地域福祉推進の立場から追認した公文書である。
7) この合併で岐阜県高山市は，市域が15倍以上に拡大して，大阪府よりも広い面積を有するようになった。
8) プロファイリング（profiling）とは「ある分野での能力を評価・予測するために，個人の精神的および行動的特性を記録・分析する」という意味をもつ語である。

参考文献

岩田正美（2011）「監修にあたって」岩田正美監修，野口定久・平野隆之編『リーディングス　日本の社会福祉　第6巻　地域福祉』日本図書センター

瓦井昇（2011）『地域福祉方法論―計画・組織化・評価のコミュニティワーク実践』大学教育出版

杉岡直人（2001）「現代の生活と地域福祉概念」田端光美編『社会福祉選書7　地域福祉論』建帛社

中島恵理（2005）『英国の持続可能な地域づくり―パートナーシップとローカリゼーション』学芸出版社

松谷明彦・藤正巖（2002）『人口減少社会の設計』中央公論新社（新書）

Teater, Barbra and Baldwin, Mark（2012）*Social work in the community : Making a difference*, The Policy Press.

Hawtin, Murray and Percy-Smith, Janie（2007）*Community profiling : A practice guide*（2nd ed.）, Open University Press.

Gergen, Kenneth. J.（1999）*An Invitation to Social Construction*, Sage Publications, Inc..（＝東村知子訳（2004）『あなたへの社会構成主義』ナカニシヤ出版）

Ohmer, Mary L. and DeMasi, Karen（2009）*Consensus Organizing : A Community Development Workbook*, Sage Publications, Inc..

Rothman, Jack（2001）Approaches to Community Intervention, Rothman, Jack, Erlich, John L. and Tropman, E. eds., *Strategies of Community Intervention*（6th ed.）, F. E. Peacock Publishers, Inc..

Twelvetrees, Alan（2002）*Community Work*（3rd ed.）. Palgrave Macmillan.（杉本敏夫訳（2006）『コミュニティワーク』久美出版）

第 8 章　地域福祉政策と地域福祉実践

第 1 節　地域福祉の特質

　本章は地域福祉政策を推進するための地域福祉実践の方向性について述べてみたい。そのためには、まず、ここで述べる「地域福祉」について規定しておく必要がある。さらに、国の提唱する「地域共生社会」を地域福祉の視点から吟味したうえで、その形成をめざす地域福祉施策について分析し、それに対応する地域福祉のあり方について言及する必要がある。しかし、以上のことはすでに他章で詳細に述べられているので、本章では必要に応じてこれらの地域福祉政策に関する筆者の見解を加えながら、それに対応する地域福祉実践の領域と構造を明らかにし、そのあり方について述べてみたい。
　まず、社会福祉における地域福祉の特質について国の規定に対する筆者の見解を述べておきたい。
　国がいう地域福祉とは社会福祉法 4 条「地域福祉の推進」に規定されている。それを簡潔にいえば、地域住民をはじめとした民間の関係者（地域住民等）が協働して、福祉サービスを必要とする地域住民の地域社会における社会参加を確保するという、地域社会の態度や責務を示している。しかし、そこにおける行政の規定はなく、行政の責務は同法第 6 条において、その基盤整備主体として位置づけられているという問題点を指摘せざるをえない。たしかに、地域福祉は制度的な社会福祉よりは自発的な社会福祉を中心とする特質からすれば第 4 条の規定も相当である。しかし、地域福祉が自治体域における社会福祉の公的責任を含んだ総合的な社会福祉を形成するという観点からは、地域福祉の推進主体に行政も含まれるとみなすのが順当なとらえ方であろう。したがって、第 4 条で地域福祉の主体として行政を規定せず、第 6 条の基盤整備主体としての責任主体のみに行政を規定していることは、地域福祉政策や地域福祉計画に

おける公的責任と官民の協働のあり方をめぐって争点となろう。

さらに，「地域住民等」の解決課題として第4条第2項では新たに地域福祉の推進の対象となるであろう「地域生活課題」が規定された。ここでは「世帯」，「介護，介護予防」「保健医療，住まい，就労及び教育に関する課題」「孤立」「その他，参加する機会が確保される上での各般の課題」が列記されている。ほぼ今後の新たな課題が記されているのであるが，地域生活権保障に対するトータルな社会問題認識ではなく，問題列記にとどまっている。しかも，これら現行の制度を越える課題を地域住民等の解決課題としている点は，やはり，国の地域への過重な役割期待であると読み取れる。

すなわち，第4条の規定は地域住民や民間福祉に責任転嫁しやすい規定となっていることが問題である。地域という生活の場は，国の政策上の欠陥も生活者としての地域住民の個々の生活に集中的に現れる。その意味では，地域福祉は地域生活課題を自治体においてトータルに対応する政策である。しかし，地域福祉にすべての解決課題を期待するのは無理がある。生活困窮者の社会的孤立などの地域社会関係に対する対応は自治体や地域住民の課題であろう。しかし，それに起因する労働の確保，生活保護や年金の水準の維持，居住確保などは国レベルの課題であろう。国レベルの政策や制度の欠陥を地域福祉に投げ込む「なんでも地域福祉」は地域福祉政策でもっとも留意する点である。

一方，以上のような法の規定とは関係なく地域福祉理論における地域福祉の特質は，以下の点に集約されるのであろう。1点目は社会福祉領域と一般公共施策を媒介する社会福祉である。とくに，地域福祉の「地域」に相当する「まち（地域）づくり（以下，まちづくり）」[1]施策と密接に関連する。まちづくりとは端的に言えば住民自治施策である。そのため，地域福祉は一般社会福祉ではとりあげない「福祉的な住民自治」の形成を重視する。したがって，住民主体原則にもとづく地域住民の主体形成を重視する（井岡 2016，藤井 2018a）。2点目は，そのために，地域福祉の政策や実践に当事者，住民の直接参加を促進することを重視する。地域福祉による「新たな公共」の形成である（右田 2005）。3点目は，地域福祉は自治体域における地域ケア（地域生活支援）

と福祉コミュニティ形成に同時に取り組む官民協働の社会福祉である。地域福祉によるローカル・ガバナンスの形成である。4点目は，地域生活課題の全体性に対応するために縦割り福祉に横ぐしを刺して横断化させる総合化をめざした開発指向の社会福祉である。

第2節　地域福祉実践の主体とその特質

以上の特質を踏まえた地域福祉の実践主体とその実践の特質とは何であろうか。

(1) 地域福祉実践の主体

地域福祉実践の主体は，NPO，生活協同組合などの社会的協同組織，企業なども含む地域社会を担うあらゆる主体である。その中でもとりわけ，「当事者・住民」，「専門職・事業者」，「行政・行政職員」が中核的な担い手であろう。これまで，「当事者・住民」と「専門職・事業者」は実践主体としてみなされていたが，地域福祉の政策化の時代にあっては自治体行政及び自治体職員も実践主体としてとらえる必要があろう。とくに，地域福祉の政策形成としての地域福祉計画運営やその政策運営の責任主体は自治体である。

(2) 地域福祉実践の特質

地域福祉実践の特質として，次の3点の機能が指摘される。

1点目は，早期発見・早期対応としてのジェネリックで初期的な総合支援の機能である。ヨーロッパにおける総合医をイメージしてもらうとわかりやすい。すなわち，第一の初期対応は総合的な専門性が求められ，第二次対応は第一次対応のバックアップとして，スペシフィックな対応が求められる。地域を基盤として実践する対人サービスは医療，福祉を問わず，このようなジェネリックとスペシフィックの連携体制の構築が必要である。日本プライマリ・ケア連合学会においても，国際標準レベルの総合診療医・家庭医を養成する新・家庭医

療専門医制度を2020（令和2）年度からスタートさせるが，大勢は専門分化した医療が地域医療においても貫徹している。一方，社会福祉制度はさらに縦割りである。たとえば，地域の高齢者に対応する地域包括支援センターは，児童，壮年の問題は扱わないがゆえに，いわゆる8050問題やダブルケアの問題への対応に苦慮している。さらに，本来はスペシフィックな対応が求められる虐待の問題まで扱うことになっている。地域における高齢者の第一線の相談センターとして，介護予防や総合相談などの初期的でジェネリックな対応は機能しやすいが，そこに虐待の問題まで持ち込まれると相応な体制が必要となる。虐待対応を例にしていえば，地域包括支援センターは，総合相談の一環として第一次的には受け止めながら，最終的には家族，地域社会関係の回復をめざすべきであろう。しかし，そのためには権利擁護センターなどのスペシフィックに対応するバックアップ体制が整備される必要がある。

　2点目は，持続的な開発機能である。地域ケアや地域生活支援という実践には2つの特質がある。ひとつは，絶えず環境変化する地域での暮らしの条件をつくるためには，その変化に対応する制度や仕組み，サービス，住民の地域意識や態度への開発が必要となる。しかも，それらは必然的に制度外の対応が求められる。したがって，地域福祉実践は制度内対応に収まらず実践する民間福祉のボランタリズムや社会福祉の価値に基づき，あくまでもニーズへの対応が求められるのである。ちなみに，地域福祉実践で近年着目されている「制度の狭間の対応」とは，制度の狭間に焦点化するのではない。それは，ニーズに対応する結果，制度内の資源を十二分に使いながらも，それだけで充足されない制度外のニーズにも対応するという実践の呼称である。

　さらに，制度外対応であるがゆえに，その実践には制限がないという特質が付随する。常に「どこまでするのか」という開発志向の判断が問われるのである。しかも，その開発性は，生活の継続性に対応する支援として，単発的な開発や対応ではなく持続的な開発や対応が求められる。したがって，開発的な実践を安定的に持続するためには社会福祉専門職の自己省察に基づく実践力と専門職の実践を支える所属組織の理念や目標を達成するマネジメントの両方が不

可欠となる。

　3点目には，まちづくり施策を中心とした生活関連領域と融合させる機能である。そもそも社会福祉は制度的には労働，教育，環境などの一般公共施策の代替補完として政策的に位置づけられている。したがって，社会福祉政策やその実践は，一般公共施策では受け止められない生活課題に対応しつつ，本来の施策で受け止めるために働きかけるソーシャルアクションや社会変革の視点が重視されるのである。

　とくに自治体域の地域生活問題を対象とする地域福祉においては，地域の衰退の中で，まちづくり施策との関連が重視される。これまでの地域福祉論における福祉コミュニティとは，一般コミュニティでは取り上げられない少数の福祉課題をその当事者中心に支えるための下位コミュニティとして説明されてきた（岡村 1974）。しかし，現在は一般コミュニティである地域コミュニティ自体が脆弱化することで，生活課題が社会的孤立などに代表されるように一般住民に広がり，その中でより福祉課題が深刻化するという状況となっている。そのために，今日では，地域福祉実践としての福祉コミュニティづくりが，一般コミュニティづくりに大きく乗り出す必要に迫られてるといえる。施策上では地域福祉施策と地域振興施策の連携が目標になる。具体的には住民自治条例と関連した地域福祉条例の制定，小地域福祉推進組織の活動蓄積を組み入れたまちづくり協議会などの住民自治組織・地域運営組織づくりなどである。活動・事業としては地域内経済循環を意識した農福連携などの活動が求められるであろう。

第3節　地域福祉実践の4つの方法

(1) 地域福祉実践としての4つの方法

　地域福祉実践は自治体域における社会福祉実践のすべてといえる。しかし，日本の社会福祉実践は個別支援としてのミクロ実践に傾斜しすぎている[2]。したがって，社会福祉計画や福祉政策運営というマクロ実践が現場での実践から

乖離している傾向にある。それに対して，地域福祉の実践は基礎自治体におけるミクロからマクロまでの総合的・統合的な実践であり，とりわけ，ミクロとマクロの媒介的位置にあるメゾ領域に着目した実践であるといえる（平野2003）。

具体的には地域福祉実践は次の4つの方法として説明できる（表8-1）。

表8-1　地域福祉の4つの実践領域

方法	実践領域
地域生活支援・地域ケアと地域ケアシステムの形成	ミクロ・メゾ
コミュニティワークとネットワーキング	メゾ
地域福祉計画と地域福祉政策運営	メゾ・マクロ
地域福祉実践組織のマネジメント	メゾ

（出所）筆者作成

1）地域生活支援・地域ケアと地域ケアシステムの形成

社会福祉の支援は，個々人が豊かな社会関係の中で自己実現を果たしながら暮らせるための支援であるといえる。したがって，地域福祉実践においても地域生活支援・地域ケアが重要となる。この地域生活支援や地域ケアはケアと相談支援の両方を含んだ援助である。そして，地域生活支援や地域ケアには当事者[3]の生活の全体性に対応するために関係者をネットワークする地域ケアシステムの形成が必要である。

2）コミュニティワークとネットワーキング

地域ケアシステムの形成とも関連するが，地域福祉の開発性を生み出す実践として次の2つがある。それは，地域生活課題を地域が共同的（協同的）に解決していくための組織化としてのコミュニティワークと専門職間，地域住民と専門職間の協働的な連携を促進するためのネットワーキングである[4]。

コミュニティワークは地域の共同社会形成のための地域住民を主体として専門職などの関係者との協働を含めた目標形成と計画化のための組織化として追求されてきた。コミュニティワークの重要性は地域の衰退とともにより高まっ

ているが，もうひとつの方法が近年において注目されている。それがネットワーキングである（金子 1986）。この背景には，地縁組織やNPOに関係なく，各実践主体の担い手が減少していることや生活課題が多様化して目標に対する合意形成が困難な状況がある。したがって，柔軟な連携や広い共通課題の場で参加者同士が知り合い自由な連携ができるプラットフォーム型の協議・協働の場づくりとしてのネットワーキングが着目されるのである。このように，実践のテーマや連携対象によって，コミュニティワークとネットワーキングの併用が方法論としては重要となってきている。

この2つの方法と密接に関連するソーシャルアクションという運動の組織化についても述べておきたい。地域住民の地域福祉への参加形態は「活動」「参画」「運動」とサービスへの「評価」などがある。このうち，運動という権利要求活動は市民の権利のひとつであるが，それが近年，弱まってきているのは地域福祉実践上の深刻な課題である。

地域福祉実践は地域の共同性と専門職・関係者との協働を基盤にした協同活動といえる。この基盤形成には多くのステークホルダーの共通理解，合意が前提となる。それに適合する実践は，地域の関係者に支えられた持続的，安定的な社会福祉組織運営の目的とも合致するので組織承認のもとで取り組みやすい。一方で，組織承認が得られない少数で深刻な課題や多くの関係者の理解が得られない課題などへの実践は限界がある。したがって，自律性の高い組織を除いて，一般に社会福祉組織に属する多くの福祉専門職の実践は調和的，温和的という傾向にならざるをえない。それは，社会変革という目的や社会正義という実践価値にもとづくソーシャルワークとのジレンマや矛盾を生じさせたり，ソーシャルワーク機能の矮小化にもつながりかねない。

そのことと関連して，当事者や市民運動とのかかわり方やソーシャルアクションにコミュニティワーク実践としてどのように取り組むかは地域福祉の政策化の時代にあって重要な実践課題である。少なくとも，福祉専門職の日常的な実践では，当事者・住民による権利実現運動を専門職のパターナリズムによって抑制することなく，それらの運動の客観的根拠の提供や一般社会への関

心を広げる運動への支援が必要となるであろう（藤井 2010）。また，それを所属機関・団体が組織的に社会に訴えていくように働きかけることも重要な実践であろう。

3） 地域福祉計画と地域福祉政策運営

2）とも関連して，地域生活課題の問題構造への根本的な変革のために行政や地域社会に働きかける社会変革のひとつとしてのソーシャルアクションとともに，合意形成戦略としては地域福祉計画策定（ソーシャルプランニング）とその政策運営（アドミニストレーション）という計画的アプローチが重要になってきている。この点についての具体的な言及は，第6節で述べることにする。

4） 地域福祉実践組織としてのマネジメント

地域福祉政策運営は，行政の地域福祉マネジメントといえる。それに対して，民間の福祉組織では地域福祉視点の組織マネジメントが必要となる。地域福祉実践は地域社会に対する組織的，開発的な実践であるので，福祉専門職による実践だけではなく，福祉専門職としての開発性を担保するための地域福祉実践組織のマネジメントも地域福祉実践としてとらえる必要があろう。

日本の場合，地域福祉実践組織としての組織マネジメントは研究，実践ともあまり着目されていない（佐藤 2018）。しかし，地域福祉実践の特質である新たなニーズに敏感に反応し，地域住民と協働した開発的な実践を持続的に展開していくための福祉専門職がよって立つ基盤は自らの実践を支える所属組織であろう。とくに，多様なステークホルダーとの連携協働が求められる地域という現場においてはなおさらである。したがって，福祉専門職は，当事者や地域社会に働きかけるのと同時に所属組織メンバー間の連帯や民主的で開発性のある組織風土の形成を図る組織マネジメントも重要な地域福祉実践として認識しておく必要があろう。

第4節　地域福祉人材の計画的配置の戦略―コミュニティソーシャルワークとコミュニティワークの関係

(1) 地域福祉計画における地域福祉人材配置

　前節での地域福祉の核となる実践は具体的にはどの専門職が担うのであろうか。この問いに対して，自治体の分野別福祉計画で配置される福祉専門職の有機的な連携のための戦略を地域福祉計画で設計する必要がある。その要点は，初期的課題に総合的に対応する福祉専門職の配置の設計である。その初期的課題とは，早期発見，早期対応としての総合相談支援と福祉的な自治形成のための地域への支援である。

　近年，この方策として出されたのが，コミュニティソーシャルワーカーという総合相談支援ワーカーの配置である。このワーカー配置をめぐってはコミュニティソーシャルワークとコミュニティワークの整理が地域福祉政策と地域福祉実践の関係において必要である。ちなみに筆者の見解は，コミュニティソーシャルワークは実質的には地域生活支援という個別支援ワーカーであり，まちづくりは中核的課題とはならない。したがって，別途にコミュティワークを担う専門職人材が地域福祉におけるまちづくりの基盤整備には不可欠であるという考えである。

(2) コミュニティソーシャルワークとコミュニティワークの関係整理

　ここで，日本における地域福祉実践において課題となっているコミュニティソーシャルワークとコミュニティワークの関係について述べておこう。

　イギリスにおけるコミュニティソーシャルワークやそれを日本に取り入れた大橋謙策の定義によれば，コミュニティソーシャルワークはケースワークから社会福祉計画まで含んだ総合的な実践と定義される（大橋 2015）。その意味では，表8-1で示した地域福祉実践の全領域を覆う実践方法である。したがって，理論上はコミュニティワークもコミュニティソーシャルワークに含まれる。しかし，現実の日本におけるこの総合的・統合的な実践は実際には次の課題がある。

①　日本の福祉制度は属性別対応であることから，制度横断的な統合的実践を担うコミュニティソーシャルワーカーの配置は，自治体独自施策として実施せざるをえない。したがって，その体制は今のところ普遍的な体制整備とはならない。しかし，その統合的な実践はニーズとして求められているため，「コミュニティソーシャルワーク機能」を各分野ごとに配置された福祉専門職のチームアプローチとして対応する必要がある。

②　しかし，その各分野別の福祉専門職が連携する目的は，それぞれの支援困難とされる「制度の狭間の対応」が主要な課題であることから，まちづくり（地域の組織化）までには実践が及ばない。したがって，コミュニティソーシャルワークとしての統合的実践は専門職のチームアプローチを中核的実践としつつも，地域の共同基盤形成と地域住民と専門職の協働を促進するコミュニティワークを実践する体制を同時に強化する必要がある。

③　また，かりに地域生活支援とコミュニティワーク（地域支援）を統合的に実践するコミュニティソーシャルワーカーが配置されたとしても，コミュニティソーシャルワーカーが個別支援から出発して要援護者の地域生活支援のための地域へのアプローチや計画化をめざす実践である限り，あくまでもそれは「個別支援」に帰結しがちである。しかし，「個人の問題」に収れんする実践の思考と「地域の問題」に取り組む集合的な思考は，たとえば右脳と左脳ほどにその思考回路が異なる。この２つの思考回路を統合的に使いこなすには，相当なトレーニングや実践の経験値の蓄積が求められる。

　このような特質をもつ統合的実践に対して，現実の日本の社会福祉教育はそれを目標としながらも，まだその実践方法論の開発や蓄積は十分とはいえない。またそれを阻害する現状にある[5]。その意味では，実際の展開上では，コミュニティソーシャルワークとコミュニティワークの両方のバランスのとれた体制と連携による実践が求められるのである。大切なのは，右脳と左脳でひとつの頭脳のように，統合的実践の全体像を理解しながら双方の実践を充実させることである。

④　以上の考え方は，ミクロ，メゾ，マクロの実践経路のとらえ方の違いで

もある。それは，日本のコミュニティソーシャルワークが個別支援と地域支援の一体的展開を目的としながらも，実際には，「個別支援から地域支援へ」というフレーズのようにミクロ実践からメゾ・マクロ実践に至る単線経路の実践方法が想定されがちである。一方，地域福祉実践はミクロ，メゾ，マクロ領域を扱いながらも，それぞれの領域を起点としながら相互に関連しあう実践として想定しているという違いがある。すなわち，ミクロを起点にする場合もあれば，マクロからメゾ，ミクロに至る実践もある。また，メゾから出発してミクロ，マクロ双方に広がる実践もある。

現在の日本での具体的な設計としては，地域包括支援センター職員や障がい者相談支援員などの各個別支援ワーカーを分野別ではあるが，チームでコミュニティソーシャルワーク機能が実践できる教育と，地域包括ケアにおける日常生活圏域ごとにチームアプローチができる制度設計が必要である。さらに自治体単独施策や介護保険の生活支援体制整備事業における生活支援コーディネーターをコミュニティワーカーとして，同じ日常生活圏域ごとに配置し，上記の各分野別ワーカーとエリアチームとしての協働体制を構築することが必要である。これらは，地域福祉のビジョンを各分野別計画と地域福祉計画とを関連づけて構想するなかで可能となる。

将来，日本の属性別福祉制度の再編やそれにともなう「コミュニティソーシャルワーカー」の十分な配置，および，その統合的な方法論の開発がすすめば，日本における社会福祉分野においてこの統合的実践にかかわる問題は収れんしていくかもしれない。

第5節　地域福祉政策を推進する地域福祉実践の具体的戦略

(1) **地域福祉政策研究の経緯と方針の枠組み**
1) **地域福祉政策研究の経緯と社協活動指針**

それでは，近年の新たな福祉提供ビジョン（2015年）にもとづく，一連の地域福祉政策の動向に対して，どのような地域福祉実践の戦略が求められるであ

ろうか。ここでは，筆者が委員長を務めた兵庫県社会福祉協議会地域福祉政策委員会が策定した「『地域共生社会』の実現に向けた社協活動指針」（兵庫県社会福祉協議会 2019）の内容を紹介しつつ，その地域福祉実践の具体的戦略の要点について考えてみたい。

筆者は，この社会福祉改革への自治体と社会福祉協議会（以下，社協）の対策を検討することを目的とした上記委員会に参加した（2017年）。検討課題は，近年の地域福祉政策の動向分析とその自治体および社協の実践方略の方針化である。また，2018年に第4期兵庫県地域福祉支援計画の策定が予定される政策スケジュールを見据えて，本委員会議論を地域福祉支援計画に反映することを当初からの目的として「『地域共生社会づくり』に向けた対応の方向性～地域福祉政策研究会中間まとめ」（2018年3月）を作成した。同年5月にはそれを「兵庫県地域福祉支援計画改定に向けた論点─兵庫県における『地域共生社会』実現に向けた提言」として再編集し，兵庫県社協から兵庫県に提言している。

さらに，国の社会福祉法改正（地域包括ケアシステム強化法 2017年6月）の施行と兵庫県地域福祉支援計画の策定協議を受けて，市区町村社協の地域福祉実践の方向性を示すために，「『地域共生社会』の実現に向けた社協活動指針」（兵庫県社協 2019年3月）を策定している。

この一連の取り組み自体が都道府県域における社会計画的アプローチによる地域福祉実践といえるものである。また，これらの報告書の内容自体が今日の地域福祉政策化時代の地域福祉実践の筆者の考え方を反映している。

この3つの報告書のうち，「社協活動指針」を本章で取り上げる理由は次による。それは社協が地域福祉の推進を目的とした組織として，自治体域における地域福祉の政策化とその実体化をすすめる地域福祉実践を使命とする組織であることによる（藤井 2018b）。したがって，兵庫県社協による地域福祉政策研究は社協実践にとどまらない地域福祉実践としての普遍性があると考えるからである。

2)「社協活動指針」の枠組み

「社協活動指針」では，現在の国の地域福祉政策の方向性である「地域共生社会の実現」と「包括的支援体制の構築」を意識して立案している。もちろん，地域福祉実践は政策期待に忠実な実践ではない。地域福祉実践は，これまでの地域や実践現場での自発的，内発的実践の蓄積と地域生活問題を踏まえて，政策の積極的な側面の促進と，逆に暮らしの実態を阻害することが予測される政策と判断すれば，それを当事者，住民に役立つものに転換させるという実践価値を有する。その視点から地域住民の暮らしに寄与する政策分析と実践の方針化を行うのが都道府県域の社協の地域福祉実践である。

本報告書は，次の2つの内容から構成されている。

ひとつは，「地域共生社会」の地域福祉実践上からの定義づけである。地域共生社会の実現という本質的かつ理想的な社会像が単なる理念提唱に終わるのであれば，それは逆に深刻な地域生活課題を隠蔽することになる。今後，各自治体における地域福祉計画には必ずこの用語が目標として掲げられることであろう。そのときに，その正確な意味の確認やそのための実体化に向けた具体的な政策がすすめられることが問われることになる。地域福祉の目標は本来「地域共生」と同様であることから，地域共生社会の各自治体での考え方や姿勢が地域福祉のあり方を規定することにもなる（藤井・清水 2017）。

2つには，包括的支援体制（社会福祉法第106条の3）の具体的な2つの事項である地域力強化と多機関協働（総合相談支援体制）の解釈と位置づけ方の問題である。すなわち「地域」と「福祉」のあり方である。包括的支援体制の構築のあり方は，自治体の地域福祉政策の骨格を成す施策として重要である。

本報告書では，以上の視点を押さえつつ，地域福祉推進の立場から包括的支援体制を進める方策として4つの方策を提示している（図8-1）。

地域福祉実践は，このような方略の全体像を構造的に把握することが重要である。その上で各実践を重視する順序は推進方策1から4として示している。

ここでの要点は，次の1点である。当事者支援のみを考えれば，その緊急度は推進方策3に示す包括的な相談支援体制（総合相談支援体制）の構築である。

```
┌─────────────────────────────────────────────────────────┐
│         包括的な支援体制と住民自治の地域力強化            │
│  ╭──────────╮  ╭──────────╮  ╭──────────╮              │
│  │【推進方策1】│  │【推進方策2】│  │【推進方策3】│              │
│  │まちづくり施策と│ │官民協働による│ │「当事者・地域住民・専門職│
│  │連携した小地域福祉│ │地域福祉ネットワーク│ │の相互エンパワメント」│
│  │活動の推進  │  │の形成   │  │による包括的な│              │
│  ╰──────────╯  ╰──────────╯  │相談支援体制の構築│         │
│                              ╰──────────╯              │
│  ╭───────────────────────────────────────────────╮      │
│  │        【推進方策4】                            │      │
│  │ 地域福祉（推進）計画に基づく地域福祉マネジメントの強化 │   │
│  ╰───────────────────────────────────────────────╯      │
└─────────────────────────────────────────────────────────┘
```

図8-1　4つの推進方策と社会福祉法上の包括的な支援体制の関連性
（出所）　兵庫県社会福祉協議会（2019）『地域福祉政策研究会報告書　地域共生社会の実現に向けた社協活動指針』：6

　しかし，地域福祉は推進方策1の小地域福祉活動などのまちづくりが優先する。地域を基盤とする地域福祉の特性から，地域住民全体を視野に入れながら多様なニーズを広く受け止める地域の土壌を形成することを重視するのである。さらにそれは，総合相談支援という個別支援のための手段ではなく，福祉的な自治形成を重視する地域福祉実践における地域力強化（まちづくり）として，地域住民の暮らしづくりへの自発性や内発性を最も重視するからである。

　地域福祉では，福祉的な住民自治形成として，地域の福祉力という表現がつかわれる。この地域の福祉力は地域問題を発見する力，地域問題を話し合える力，地域問題を協働して解決できる力，地域の夢をかたちにする力の4つの力の総体として説明できる（藤井 2018a）。包括的支援体制における地域力強化もこのような地域の福祉力を期待しているといえる。しかし，このことに関して最も重要なことは，その活動が地域住民の十分な協議の中での自発的，内発的な実践として選択されることであり，住民の責務として，行政から一律的，画一的に強要されるものではないということである。また，地域という特性のひとつは多様性にあり，その活動も多様である。包括的支援体制の推進においても，一律的な機能や形態を住民に求めないこと，そして，それらの判断ができる地域住民の主体形成を重視することであろう。

　以下，地域共生社会の理念と4つの推進方策の要点に絞ってその実践課題を

解説する。

(2) 地域共生社会形成の要点と自治体の制度設計

　地域共生社会の形成について押さえておきたい点は，社会福祉における「地域共生」という社会目標の主要な取り組みは部落解放運動や障害福祉から生まれてきた実践であるという認識についてである。なぜなら，共生社会の道程は部落解放運動やノーマライゼーション，障害者自立生活運動にみるように，人間社会の偏見・差別や貧困排除の克服と全人間的復権への具体的な権利回復と保障の取り組みに他ならない。そして，その克服の過程で生まれる相互尊重や相互変容をともなう多文化共生をキーワードにした取り組みだからである。したがって，これらの反差別運動の歴史から学ぶべきであろう。

　制度としての分野別社会福祉と地域福祉でみれば，障害福祉と地域福祉の親和性が最も高い。障害福祉は「子どもから高齢者」までの全世代の人生を見渡した支援が求められる。そして，その目標は社会的排除からの社会参加への取り組みである。また，今日の障害福祉の実践モデルの主流である社会モデルとして，社会の側の変容を強く訴える社会的包摂戦略が障害福祉の戦略である。今日，地域福祉の文脈で取り上げられる生活困窮者自立支援は経済的困窮と社会的孤立という社会的排除の課題とされている。これは障害福祉からすれば，障害者を取り巻く社会的状況の普遍化ともいえ，同様の社会的包摂戦略が求められているのである。

　このように，障害福祉と生活困窮者自立支援での低所得層という共通性，お

図8-2　社会福祉制度の関係性
(出所)　筆者作成

よびそれらとの児童福祉や高齢者福祉との制度間の位置づけは図8-2のようにとらえることができる。すなわち，生活保護制度というセーフティネットの基盤の上で，障害者福祉は社会参加をめざす貧困と社会的孤立に対応する制度であるといえる。また，それは子どもから高齢者までの全世代を射程にする。生活困窮者自立支援法が対象とする課題はいわば障害者福祉の一般への普遍化施策ともいえる。また，属性別では児童福祉と高齢者福祉が人生の対極にあるが，この中間の若者層と壮年期・中年期の対策はほぼ不在である。このような，各制度間の関連理解は，各分野別制度間の共通基盤の形成と総合福祉化をめざす制度設計の上で必要な認識である。もちろん，各分野の社会福祉専門職間の連携のうえでも必要な認識である。

第6節　4つの推進方策の具体的内容

この4つの推進方策は密接に関係しあっていることを前提として，個別にその内容をみていきたい。

(1)　推進方策1　まちづくり施策と連携した小地域福祉活動の推進
1)　地域福祉とまちづくりの接点領域の拡大

福祉的な住民自治を形成するための基盤はどのように形成するのであろうか。そのことを考える前に，地域福祉とまちづくりの今日的な関係について，制度的社会福祉と自発的社会福祉，まちづくりの3つの関係をもとに理解しておく必要があろう（図8-3）。

まず，制度的社会福祉と一般的なまちづくりの関係である。地域生活支援は当事者を制度で支えながら，当事者が自らの環境としての家族，近隣，友人，ボランティアなどの理解者との共感関係の中で，社会関係を取り結んでいけるように支援することである。この実践アプローチは制度的社会福祉から自発的社会福祉へと広がるベクトルである。いわば「孤立・排除から地域とのつながりづくりへ」という方向性をもつ個別支援のベクトルである。ここに，制度的

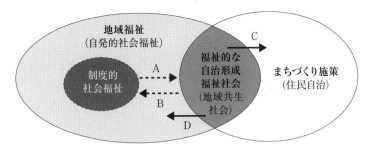

A：制度拡充／B：地域課題化・開発実践／C：自治の福祉化／D：福祉の市民化
図8-3　制度的社会福祉とまちづくり施策との接点としての地域福祉の機能
（出所）　藤井博志監修，宝塚市社会福祉協議会編（2018）『改訂版　市民がつくる地域福祉のすすめ方』全国コミュニティライフサポートセンター 187（初版 2015）

社会福祉が地域福祉へと広がる契機がある。

　しかし，社会福祉が制度的社会福祉にとどまる限り，一般住民が関わるまちづくりとは接点が見えない。制度的社会福祉のみを担う行政の福祉部局がまちづくり部局と接点をもたないのはこの理由が大きい。しかし，社会福祉が制度的社会福祉から自発的社会福祉を含む地域福祉に広がるとまちづくりと接点ができる。しかしながら，地域福祉との接点がないまちづくり，すなわち，二重円の右側にいる住民は，必ずしも当事者に共感をもっているわけではない。まちづくりが地域福祉と接近することによって，当事者を同じ仲間として含みこんでいくのである。いわば，「誰も孤立，排除しないまちづくり」というベクトルである。この左右のベクトルが融合する接点に「地域共生社会」があるともいえる。制度的社会福祉から地域福祉への広がりと地域福祉とまちづくりの接点の拡大が福祉的な住民自治形成の領域であり，地域共生社会の領域であるといえよう。

　このように，地域福祉における地域へのアプローチは，左右両方のベクトルから迫る複眼的な思考と戦略が必要である。しかしながら，ここにおいても地域の偏見や差別の克服という課題とともに，社会福祉とまちづくりの双方の実践方法の差異を認識した実践が求められる。

表 8-2　社会福祉とまちづくりの実践アプローチの差異

	社会福祉	まちづくり
領域のとらえ方	当事者（福祉）中心から同心円状に他分野へ広がる	多元的，全体的にとらえる：福祉はまちづくり分野の一領域
期間	短中期間	中長期間
分析方法	課題分析型（できていないことの要因分析）	ビジョンづくり型（できていることの評価：エンパワメント・ストレングス分析）
実践の指向性	制度内対応重視	開発（ボランタリズム）重視
地域へのアプローチ	個人の孤立・排除状況から地域とのつながりづくり（事後的）	誰もが孤立・排除しないまちづくり（予防的）

（出所）　筆者作成

　表8-2は，社会福祉とまちづくりの両者のアプローチの差異をそれぞれの典型的な実践形態から比較したものである。地域福祉の実践は，この中間領域の特徴をもつが，地域福祉が「社会福祉」の一環の実践である限り，「領域のとらえ方」については明確に当事者発という社会福祉のアプローチをとる。そのうえで，地域福祉は，福祉分野がまちづくりの全体領域のひとつとして一般に認識されていることを意識しつつ，まちづくりの基盤となるように地域へ働きかけるというアプローチを重視する。今後，このような差異を意識した地域福祉とまちづくりの両分野の相互理解と連携が課題となろう（全国コミュニティライフサポートセンター　2018）。

2)　持続可能な福祉的自治形成の方向性

　福祉をまちづくりの基盤に据える方略の背景は，日本における地域社会は急激な家族の縮小化や単身化が進行しつつあるからである。それは，世帯つながりの地縁社会の脆弱化を促進させている。一方で，つながりが希薄化する単身社会化はまちづくりの領域の中でも福祉ニーズを増大させる。したがって，福祉を基盤にしたまちづくり施策がもとめられるのである。地域再生の対策も地域の基盤となる家族の脆弱化を支える地域福祉の基盤がなければ，その発展はないであろう。

しかし，地域福祉における地域組織化（コミュニティワーク）もこれまでの地縁組織型中心からアソシエーション型（テーマ型）の自発的なつながりを重視した実践が求められるであろう。具体的には，小地域福祉活動の蓄積をベースにした小地域福祉推進組織とまちづくり協議会や地域運営組織におけるテーマ型の運営との連携が求められる。さらに，都市化した職住分離のまちづくりが地域力を奪ってきたとすれば，地域内経済循環を意識した地域のニーズの小さな仕事化を図っていく必要があろう。すなわちコミュニティビジネスやソーシャルビジネスを担う組織づくりが必要である。加えて，超高齢社会では，自治会域くらいの身近な居場所づくりや見守り活動がさらに重要になってくるが，一方では，まちづくりの基本である子育てがしやすいまちづくりがテーマにもなるであろう。

(2) 推進方策2　官民協働による地域福祉ネットワークの形成

　地域福祉としてミクロとマクロを結ぶメゾ領域の実践の典型はこの「地域福祉ネットワーク」と筆者が名付けている重層的な圏域における住民，専門職間の連携（ネットワーク）をボトムアップ志向で政策にもちあげる連携協働の連結体のしくみである。その典型的な構図例が図8-4である。これは新たな提案ではなく，高齢者中心の地域ケアシステム形成の実践が着手された1990年代ごろから先駆的な自治体で取り組まれてきたことである。

　この図の下段のルートの特徴は専門職主導での分野別ネットワークである。近年では，介護保険制度以降の利用契約制度の状況下で新たに同様の施策が「地域ケア会議」として取り組まれようとしている。当事者のソーシャルサポートネットワークとしての見守り会議（B）から，個別支援会議・課題化会議（D）と連結する各連携会議とそのルートづくりである。

　一方，上段のルートは住民主導での地域住民の自発性にもとづく「まちづくり」としての小地域福祉活動である。およそ自治会域での住民主導の見守り会議（A）とおよそ小学校区域での住民主催の協議の場に専門職も参加する連携協議の場（C）が想定される。この特徴は，住民主導であることから，専門分

〈地域ケアの目的と実践形態〉

■目的
①QOCLの向上（＝Quality Of Community Life. 地域生活の質）
②地域福祉開発（地域社会／ネットワーク，システム／ケアサービスの3領域開発）
③予測的対応／早期発見・早期対応

■実践形態＝チーム実践
①専門職間の連携，②住民間の協働，③住民と専門職の協働（合む本人，家族その他）
A, C, E1：地域福祉が中心に取り扱う領域（住民主導）
B, D, E2：高齢者福祉が中心的に取り扱う領域（専門職主導）

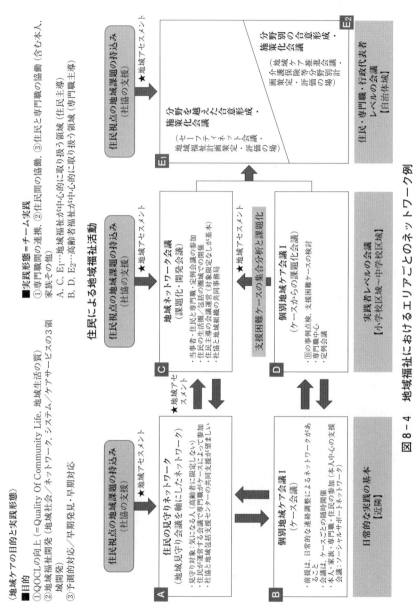

図 8-4 地域福祉におけるエリアごとのネットワーク例

（出所）藤井博志・所めぐみ監修（2017）『地域福祉研修テキスト』兵庫県社会福祉協議会81ページをもとに筆者作成

野別課題に制約されない地域生活課題を取り上げることにある。また，その福祉活動の背景には，より広い地域住民のまちづくり活動が存在する。したがって，図の右側にあるこれらの実践から生じた課題を施策課題として集約する場では，下段は分野別の課題，上段は制度の狭間を含む多様な生活課題が協議されることが想定される。

また，以上の特徴をもつ地域福祉ネットワークは，地域ケアシステムすなわち総合相談支援体制のスケルトン（骨組み）と呼ばれるものである。そして，これらは分野別福祉計画や地域福祉計画の中で官民協働で取り組む課題として設計される[6]。

(3) 推進方策3　包括的な相談支援体制の構築（総合相談支援体制構築の実践）

包括的支援体制の重要な要素としての総合相談支援体制の構築はこれからの実践課題である。国の施策としては「多機関の協働における包括的体制整備」がモデル事業化されている。筆者は兵庫県内自治体の総合相談支援の取り組みから，その考え方を整理したことがある（兵庫県社会福祉協議会 2014）。ここでは，その研究に基づいて，そのエッセンスを総合相談支援体制構築としての地域福祉実践として紹介しておきたい。それは，「総合相談支援の5つの機能」，「総合相談と各相談窓口との関係」，「3つの仕組みの構築」の3点である。

1）総合相談支援体制の5つの機能

総合相談支援は，端的には現在の相談窓口では対応することが困難なケースへ対応できる相談支援機能である。現在の制度の狭間のケースとは，①家族支援をともなう複合多問題ケースとしてキーパーソンが不在であること，②その諸要因によって社会から孤立し潜在化していること，③それに対応する制度・サービス・支援システムが不備であること，④それが地域社会の問題として認識されていないこと，の4点に特徴をもつ。この特徴に対応するには次の5つの支援機能が必要となる。それは，①権利擁護支援，②家族支援，社会関係づくり支援，③地域住民との協働，④予防的アプローチとニーズの早期発見・早期対応，⑤断らない・受け止める仕組みと資源開発の仕組み，

の5つの機能である。この5点は総合相談支援体制の評価基準となる。

2) 総合相談と各相談窓口との関係

　総合相談窓口は，各種相談窓口に並列して各窓口で受け止めきれない相談の「投げ所」として開設することを想定していない。総合相談窓口とは具体的な窓口開設を伴うこともあるが，本質的には第一線の各種の窓口を庁内連携や相談支援機関，民間団体間のネットワークでバックアップする機能である。したがって，その機能は，第一線の窓口が受け止めきれなかったり漏らした相談を，それらのネットワークで一旦は受け止めつつも，第一線の窓口が機能化するように条件づくりをする機能である。その条件づくりに，各種窓口間のつなぎや社会資源開発機能がある。総合相談支援体制とはこのようなセーフティネットワークである。

3) 3つの仕組み

　3つの仕組みとは，総合相談支援体制のセーフティネットを構築する3つのネットワークである。ひとつは社会福祉相談のバックアップシステムとなる権利擁護支援のネットワークである。2つには，前項で説明した地域ケアシステムの骨組み（スケルトン）ともいえる地域福祉ネットワークである。3つには，前述した庁内連携体制と各種相談を担う社会福祉組織内ごとの総合相談支援体制づくりである。

　庁内連携体制の今日的な意義と課題は次項で述べるが，各社会福祉組織内での総合相談支援の体制づくりのなかでも，とりわけ社協における構築が重要であろう。なぜなら，社協は地域福祉の推進機関として連絡調整機能を期待されているからである。そのため，各分野の基幹的な相談支援事業の委託や日常生活自立支援事業等の権利擁護関連の事業を実施している実態がある。さらに，各市区町村社協に共通する最も重要な点は，社協は他の社会福祉法人と違い，住民協議体として密接に地域社会と結びついている組織特性を有するからである。

(4) 推進方策4　地域福祉(推進)計画にもとづく地域福祉マネジメントの強化
　　―地域福祉計画による地域福祉行政の運営の強化―

　社会福祉法改正（2017）による地域福祉計画の強化（社会福祉法第107条）は，包括的な支援体制の整備（同106条の3）と連動して改正されている。市町村における地域福祉計画が努力義務化され，第1項一に「地域における高齢者の福祉，児童の福祉その他の福祉に関し，共通して取り組むべき事項」が追加された。第2項には定期的な評価，改善という，いわゆるPDCAの運営が追記されている。このことをもって地域福祉計画が他の社会福祉の分野別計画の上位計画として位置づけられたとされる。

　ちなみに包括的支援体制とは，地域住民の参加を促進する基盤整備，地域住民などによる地域生活課題の発見と専門機関との協働のための整備，専門機関間の連携のための整備の3つの要素から構成されている。すなわち，地域住民，専門職，行政の三者の総合的な連携の基盤整備を地域福祉計画で設計し，運営するという地域福祉政策運営が期待されているのである。社協活動指針では，これらの運営を地域福祉のマネジメントとして表現している。

　しかし，上位計画として位置づけられた地域福祉計画による地域福祉をマネジメントするには，自治体の地域福祉部局の強化が図られなければならない。特定財源をもたない行政の地域福祉部局は自治体によほどの地域福祉の政策理念がなければ，他部署に属さない狭間の案件の集積部署となりがちである。そこに，地域福祉施策を遂行する骨組みを確立するには，地域福祉計画による施策化が必要である。それには次の取り組みが想定される。地域福祉計画の策定→自治体総合計画の社会福祉分野の中心計画としての位置づけと地域福祉条例の策定→地域福祉プログラムと庁内連携体制の強化を図るための地域福祉部局の強化，という一連の地域福祉政策化のための行政改革である。

　一方，社会福祉法人施設の果たす役割も大きい。近年では大阪府下の社会福祉施設の取り組みを契機に制度の狭間への対応を地域公益活動として実践する社会福祉施設が増えている。また，これらの活動は社会福祉法人改革としての公益的取り組みとして義務化されている。したがって，地域福祉政策上におい

ても社協とともに社会福祉法人施設をどのように位置づけるかは重要な課題である。

ここで，社会福祉施設と地域福祉実践について総合相談支援から幅をひろげて述べておきたい。

以上の地域福祉計画にもとづく地域福祉マネジメントの観点から当面重視すべき3つの課題を以下に述べておく。

1) 行政庁内連携会議と官民協働会議の運営

この行政庁内連携会議は，特定の施策推進の連携のために開かれる部局間の連携会議である。しかし，地域福祉施策においては，これまでの部局間連携を超えた意味合いが付加されている。それは，法令順守行政から生活優先行政への転換という新たな行政改革の目標である。たびたび説明しているように，今後の日本の社会状況では，支援のニーズの増大とそれに対応する体制の脆弱化というギャップが増大することが予測される。したがって，これまでの各部局が担う法令の遂行だけでは，住民ニーズに応えられない時代が到来しているのである。

これに対して，総合調整部局の構築と，少なくとも社会福祉部局での総合調整を行う地域福祉部局の強化が必要となってくるのである。そして，そのための行政職員の意識改革も同時に必要となってくる。それは，住民の生活課題の全体性への想像力と住民と協働でできる実践力の養成である。住民生活の全体性を意識しながら各部局の法令業務を遂行できる，自治行政を担える行政職員の教育が急務である。

地域福祉における庁内連携会議は生活困窮者自立支援をはじめとした「制度の狭間」の対応に関する施策連携の協議を主とする。そして，その運営の哲学は，以上の理由により，法令順守行政から生活課題優先行政への転換を行政職員の意識改革を伴って行う地域福祉による行政改革として位置づける必要がある。生活課題優先行政への転換は，それを最も意識せざるをえない地域福祉分野から行政全体への改革を進めるべきであろう（平野・朴 2019）。

また，地域福祉に関する庁内連携会議は，官民協働による地域福祉を推進す

るための会議と対になる会議として運営される必要がある。なぜなら，地域福祉の庁内連携体制は「包括的な支援体制の構築（社会福祉法第106条）」を具体的な目的とするものであるから，そのコアな課題として「制度の狭間」の対応が協議されることになる。この制度の狭間の解決方法は開発的な実践が求められることから，地域住民や民間福祉のボランタリーな活動との連携が不可欠である。それは，地域福祉実践における官民協働の開発実践といえる。

　このことは，これまでの行政計画がその計画期間中での事業の進行管理のチェックに終始していたことに対して，地域福祉計画の進行管理は別のアプローチと「しかけ」が必要となることを示している。すなわち，地域福祉の特性である常に新しい課題に対しての持続的な開発性を担保する進行管理が地域福祉計画の進行管理においても求められているのである。それは，制度運用を中心に行う分野別計画とは異なる地域福祉の進行管理の特性である。

　一般に行政庁内連携の促進は，各課の権限行政の越境を目的とすることから，総合福祉をめざす地域福祉施策にとって最難関の課題といえる。これを克服する方途は，多様な工夫が考えられると思うが，次の2点の双方向の取り組みが目指される。ひとつは，総合行政としての行政改革を首長や部局長のトップ判断で進める場合である。もうひとつは，職員間の内発的連携である。この場合，庁内連携だけでなく，行政職員の民間のネットワークへの参加が有効である。行政職員は民間のボランタリーな開発性に触発され，一方で，民間福祉は行政との日常的な協働による政策反映されるルートをもつことで民間のネットワークも促進される相互関係が生じる。この官民協働の開発実践はソーシャルアクションの前段としての地域住民や民間福祉の社会福祉への参画形態であり，地域福祉実践を通したローカル・ガバナンスの促進ともいえる。

2) 地域福祉活動計画との関係

　行政の地域福祉計画に対して民間が立案する地域福祉の計画を地域福祉活動計画と呼ぶ。兵庫県社協ではさらに行政の地域福祉の政策化を地域住民，民間側からのアクションを通して促進させる表現として，地域福祉推進計画と呼んでいる。また，この地域福祉推進計画は実質的に社協が立案する計画としてお

り，全国の定義よりも狭く現実的な計画として定義している。なぜなら，地域福祉活動計画が活動者間のプラットフォームとしてだけならば全社協の定義でもよいが，具体的な進行管理を伴った取り組みである限り，その計画の責任主体を明確にしていなければ進まないからである。

その場合，社協の協議体機能を実質化させる組織づくりが重要である。社協はそもそも地域福祉への地域住民と公私関係者の直接参加の場である。地域住民からすれば，地域福祉に参加するための公共的な参加保障の組織なのである。

この社協が中心に策定する地域福祉活動計画は，2つの参加を社協に課すことになる。

ひとつ目は社会福祉法人運営における参加の課題である。社会福祉法人の制約から，社協は理事・評議員・監事という閉ざされた役員組織で構成されているが，この機能を十分に機能化させる組織運営が必要である。2つ目はより広範な参加を図るために，小地域福祉推進組織の強化と小地域福祉計画づくり，ボランティアセンター運営委員会などのテーマ型の市民参加の促進や地域福祉活動計画策定委員会などの各種委員会などでの広範な参加を広げる課題である。また，今後の社協は関係者の参加を自組織に引き寄せるのではなく，自らが他のネットワークに積極的に参加することによって，より広い多様な地域福祉の場が形成される地域福祉の戦略が必要である。また地域福祉計画との関係でいえば，現実として地域福祉活動計画が民間の参加と合意の計画として重要視されることから，それを策定する社協は次のことに留意する必要がある。それは，地域福祉活動計画で採用されなかった少数の意見を反映するアドボケイトプランを無視しないことである。

このように，社協の協議体としての開かれた協議（熟議）のための組織づくり自体が地域福祉の中核的な実践としてとらえておくべきであろう。

3) **地域福祉における社会福祉法人施設の位置づけ**

行政，社協とともに地域福祉を支える主体として社会福祉法人施設の果たす役割は大きい。最後に地域福祉と社会福祉施設，なかでも入居施設との関係について述べておきたい。

現在，社会福祉施設の地域公益的活動が法律で定められ，施設の地域福祉実践として期待されている。社会福祉法人という公益法人は，国の社会福祉事業の担い手であるが，本来は地域の生活ニーズに対応することを使命としている地域福祉の重要な実践主体である。とくに，入居施設と地域福祉の関係においては，地域福祉が，在宅の住民の生活課題を対象とするのか，当該地域にある施設の入居者もその地域の生活者として対応するのかという対象認識に関わる本質的課題として問われるのである。当然，地域福祉実践は在宅の当事者・住民だけでなく，施設入居者も地域住民の一員としてとらえる実践といえる。

社会福祉施設は入居者や利用者をとおして，深刻な地域生活課題を最も認識しているといえる。その観点からは，社会福祉施設は，入居者や利用者の課題と切り離して地域と関わるのではなく，入居者や利用者とともに地域に入り，コンフリクトを克服しながら誰もが暮らせる地域を地域住民とともに創る協働活動が社会福祉施設の役割といえる。そのために，施設の社会化や地域化，脱施設化の一連の取り組みがある。近年の地域公益活動に制度の狭間に対応する総合相談支援に関わる社会福祉施設も出てきたが，その文脈は企業とのイコールフッティング論に対抗する取り組み以上に，このような社会福祉施設が有している本質的な実践の根拠にもとづく地域福祉の機能であるといえる。

第7節 おわりに

地域福祉が目標とする福祉的な住民自治の形成を地域共生社会づくりという地域社会の合意として実体化させる政策と実践方略をこれまで述べてきた。その地域福祉実践は自治体域におけるメゾ領域を中核としたミクロ実践からマクロ実践の全体に及ぶ構造的な取り組みであることからとても複雑である。したがって，その構築には計画的アプローチによる政策的な取り組みが求められる。

しかし，そこで留意しなければならない点は，前述した社協への留意点と同じであるが，政策という社会的な合意形成はすべての要求を満たしていないという限界や制約への配慮である。それを補完するためには，基本的人権を前提

とした多様な意見の交換，熟議の場の設定が必要である。そして，その結果，社会的合意に至らなかった正当な少数の権利要求運動を排除しない民主的な姿勢である。むしろ，それらの要求実現のために積極的に運動を組織化することは地域福祉の社会変革機能として重視するべきであろう。その過程が地域共生社会という多文化共生の基盤形成となるであろう。そのような福祉的な住民自治を担う第一の主体は生活当事者としての地域住民である。その主体形成のために市民教育と社会的協同組織の再組織化が地域福祉形成の前提にあることを最後に指摘しておきたい。

注）
1）地方創生や過疎地域での取り組みは「地域づくり」という表現が使われるが，都市部では一般に「まちづくり」と表現されている。本章では他章との用語の整合性から，両者を含めて「まちづくり」を採用する。
2）日本の社会福祉士は「相談，助言，指導，連絡，調整，その他の援助」を業とする者であり，その機能は個別支援における相談援助に偏重している。
3）福祉対象者には要援助者，利用者等の呼び方もあるが，地域福祉のとらえ方は，生活課題を抱えている地域住民というとらえ方であるので，文脈から逸脱しない限り，「当事者」と表現する。
4）本論では「共同」「協同」「協働」の3つの「きょうどう」を使いわけて使用している。「共同」は同じ基盤の上に立った協力，「協同」は，同じ志に立った協力，「協働」は異質な主体間のパートナーシップである。
5）2019年時点での社会福祉士養成カリキュラムでは，ジェネラリストソーシャルワークを理論的背景としているが，教育課程からはグループワークはほぼ削除され，コミュニティワークやコミュニティ・オーガナイジングに至っては消滅している。したがって，この10年間のソーシャルワーカー養成はまちづくりが課題となっているが，その方法論を学習されていない。新カリキュラムでは，コミュニティワークが若干取り上げられる予定である。
6）宝塚市ではセーフティネット会議を行政が設置し，その設置要綱では社協との協働事務局で運営することとしている。さらにそれを地域福祉計画に位置づけている。

📖 参考文献
井岡勉（2016）「地域福祉の展望」井岡勉・賀戸一郎監修『地域福祉のオルタナティブ 〈いのちの尊厳〉と〈草の根民主主義〉からの再構築』法律文化社：224

-230
大橋謙策（2015）「機能」中島修・菱沼幹男共編『コミュニティソーシャルワークの理論と実践』中央法規：27-37
右田紀久恵（2005）『自治型地域福祉の理論』ミネルヴァ書房
岡村重夫（1974）『地域福祉論』光生館
金子郁容（1986）『ネットワーキングへの招待』中央公論社
佐藤寿一（2018）「地域福祉推進組織としての社協マネジメント」藤井博志監修　宝塚市社会福祉協議会編『改訂版　市民がつくる地域福祉のすすめ方』全国コミュニティライフサポートセンター　（初版　2015）
全国コミュニティライフサポートセンター（2018）『地域づくり部署と福祉部署連携のためのガイドブック』サポートセンター：145-176
平野隆之（2003.4）「コミュニティワークから『地域福祉援助技術』へ」髙森敬久・髙田眞治・加納恵子・平野隆之『地域福祉援助技術論』相川書房　32-40
平野隆之・朴兪美（2019）「都市自治体における地域福祉行政の形成に関する研究―芦屋市地域福祉課の事例分析を中心に」『日本の地域福祉第32巻』日本地域福祉学会：89-100
兵庫県社会福祉協議会（2014）『地域総合相談・生活支援体制づくり研究会報告書　ネットワークと協働でつくる　総合相談・生活支援の手引き』
兵庫県社会福祉協議会（2018）「『地域共生社会づくり』に向けた対応の方向性」―平成29年度地域福祉政策研究会中間まとめ」
兵庫県社会福祉協議会（2019）『地域福祉政策研究会報告書　地域共生社会の実現に向けた社協活動指針』
藤井博志（2010）「ソーシャルアクション」『ソーシャルワークの理論と方法Ⅰ』ミネルヴァ書房：262-271
藤井博志・清水明彦（2017）「地域共生社会をめざす持続的な開発実践―西宮市社会福祉協議会　青葉園」日本福祉大学アジア福祉社会開発研究センター『地域共生の開発福祉―制度アプローチを越えて』ミネルヴァ書房：181-194
藤井博志（2018a）「地域福祉の実践に学ぶ―住民・市民活動」上野谷加代子・斉藤弥生『地域福祉の現状と課題』放送大学教育振興会：58-71
藤井博志（2018b）「地域共生社会を実現する社会福祉協議会の課題」鉄道弘済会『社会福祉研究』第132号：45-54
藤井博志（2018c）「地域福祉ガバナンスをつくる―第4回住民主体の今日的意義」全国社会福祉協議会『月刊福祉　2018.8』：76-79
藤井博志（2017.6）「コミュニティソーシャルワーカーとその実践」佐藤守他編『コミュニティ辞典』春風社：542-543

参考資料　社会福祉法における地域福祉関連条項の抜粋

（目的）
第1条　この法律は，社会福祉を目的とする事業の全分野における共通的基本事項を定め，社会福祉を目的とする他の法律と相まって，福祉サービスの利用者の利益の保護及び地域における社会福祉（以下「地域福祉」という。）の推進を図るとともに，社会福祉事業の公明かつ適正な実施の確保及び社会福祉を目的とする事業の健全な発達を図り，もつて社会福祉の増進に資することを目的とする。

（地域福祉の推進）
第4条　地域住民，社会福祉を目的とする事業を経営する者及び社会福祉に関する活動を行う者（以下「地域住民等」という。）は，相互に協力し，福祉サービスを必要とする地域住民が地域社会を構成する一員として日常生活を営み，社会，経済，文化その他あらゆる分野の活動に参加する機会が確保されるように，地域福祉の推進に努めなければならない。

2　地域住民等は，地域福祉の推進に当たつては，福祉サービスを必要とする地域住民及びその世帯が抱える福祉，介護，介護予防（要介護状態若しくは要支援状態となることの予防又は要介護状態若しくは要支援状態の軽減若しくは悪化の防止をいう。），保健医療，住まい，就労及び教育に関する課題，福祉サービスを必要とする地域住民の地域社会からの孤立その他の福祉サービスを必要とする地域住民が日常生活を営み，あらゆる分野の活動に参加する機会が確保される上での各般の課題（以下「地域生活課題」という。）を把握し，地域生活課題の解決に資する支援を行う関係機関（以下「支援関係機関」という。）との連携等によりその解決を図るよう特に留意するものとする。

（福祉サービスの提供体制の確保等に関する国及び地方公共団体の責務）
第6条　国及び地方公共団体は，社会福祉を目的とする事業を経営する者と協力して，社会福祉を目的とする事業の広範かつ計画的な実施が図られるよう，福祉サービスを提供する体制の確保に関する施策，福祉サービスの適切な利用の推進に関する施策その他の必要な各般の措置を講じなければならない。

2　国及び地方公共団体は，地域住民等が地域生活課題を把握し，支援関係機関との連携等によりその解決を図ることを促進する施策その他地域福祉の推進のために必要な各般の措置を講ずるよう努めなければならない。

（地域子育て支援拠点事業等を経営する者の責務）
第106条の2　社会福祉を目的とする事業を経営する者のうち，次に掲げる事業を行うもの（市町村の委託を受けてこれらの事業を行う者を含む。）は，当該事業を行うに当たり自らがその解決に資する支援を行うことが困難な地域生活課題を把握したときは，当該地域生活課題を抱える地域住民の心身の状況，その置かれている環境その他の事情を勘案し，支援関係機関による支援の必要性を検討するよう努めるとともに，必要があると認めるときは，支援関係機関に対し，当該地

域生活課題の解決に資する支援を求めるよう努めなければならない。
　一　児童福祉法第６条の３第６項に規定する地域子育て支援拠点事業又は同法第10条の２に規定する拠点において同条に規定する支援を行う事業
　二　母子保健法（昭和40年法律第141号）第22条第１項に規定する母子健康包括支援センターを経営する事業
　三　介護保険法第115条の45第２項第一号に掲げる事業
　四　障害者の日常生活及び社会生活を総合的に支援するための法律第77条第１項第三号に掲げる事業
　五　子ども・子育て支援法（平成24年法律第65号）第59条第一号に掲げる事業
（包括的な支援体制の整備）
第106条の３　市町村は，次に掲げる事業の実施その他の各般の措置を通じ，地域住民等及び支援関係機関による，地域福祉の推進のための相互の協力が円滑に行われ，地域生活課題の解決に資する支援が包括的に提供される体制を整備するよう努めるものとする。
　一　地域福祉に関する活動への地域住民の参加を促す活動を行う者に対する支援，地域住民等が相互に交流を図ることができる拠点の整備，地域住民等に対する研修の実施その他の地域住民等が地域福祉を推進するために必要な環境の整備に関する事業
　二　地域住民等が自ら他の地域住民が抱える地域生活課題に関する相談に応じ，必要な情報の提供及び助言を行い，必要に応じて，支援関係機関に対し，協力を求めることができる体制の整備に関する事業
　三　生活困窮者自立支援法第２条第２項に規定する生活困窮者自立相談支援事業を行う者その他の支援関係機関が，地域生活課題を解決するために，相互の有機的な連携の下，その解決に資する支援を一体的かつ計画的に行う体制の整備に関する事業
２　厚生労働大臣は，前項各号に掲げる事業に関して，その適切かつ有効な実施を図るため必要な指針を公表するものとする。
（市町村地域福祉計画）
第107条　市町村は，地域福祉の推進に関する事項として次に掲げる事項を一体的に定める計画（以下「市町村地域福祉計画」という。）を策定するよう努めるものとする。
　一　地域における高齢者の福祉，障害者の福祉，児童の福祉その他の福祉に関し，共通して取り組むべき事項
　二　地域における福祉サービスの適切な利用の推進に関する事項
　三　地域における社会福祉を目的とする事業の健全な発達に関する事項
　四　地域福祉に関する活動への住民の参加の促進に関する事項
　五　前条第１項各号に掲げる事業を実施する場合には，同項各号に掲げる事業に

関する事項
2　市町村は，市町村地域福祉計画を策定し，又は変更しようとするときは，あらかじめ，地域住民等の意見を反映させるよう努めるとともに，その内容を公表するよう努めるものとする。
3　市町村は，定期的に，その策定した市町村地域福祉計画について，調査，分析及び評価を行うよう努めるとともに，必要があると認めるときは，当該市町村地域福祉計画を変更するものとする。
（都道府県地域福祉支援計画）
第108条　都道府県は，市町村地域福祉計画の達成に資するために，各市町村を通ずる広域的な見地から，市町村の地域福祉の支援に関する事項として次に掲げる事項を一体的に定める計画（以下「都道府県地域福祉支援計画」という。）を策定するよう努めるものとする。
　一　地域における高齢者の福祉，障害者の福祉，児童の福祉その他の福祉に関し，共通して取り組むべき事項
　二　市町村の地域福祉の推進を支援するための基本的方針に関する事項
　三　社会福祉を目的とする事業に従事する者の確保又は資質の向上に関する事項
　四　福祉サービスの適切な利用の推進及び社会福祉を目的とする事業の健全な発達のための基盤整備に関する事項
　五　市町村による第106条の3第1項各号に掲げる事業の実施の支援に関する事項
2　都道府県は，都道府県地域福祉支援計画を策定し，又は変更しようとするときは，あらかじめ，公聴会の開催等住民その他の者の意見を反映させるよう努めるとともに，その内容を公表するよう努めるものとする。
3　都道府県は，定期的に，その策定した都道府県地域福祉支援計画について，調査，分析及び評価を行うよう努めるとともに，必要があると認めるときは，当該都道府県地域福祉支援計画を変更するものとする。
（市町村社会福祉協議会及び地区社会福祉協議会）
第109条　市町村社会福祉協議会は，一又は同一都道府県内の二以上の市町村の区域内において次に掲げる事業を行うことにより地域福祉の推進を図ることを目的とする団体であつて，その区域内における社会福祉を目的とする事業を経営する者及び社会福祉に関する活動を行う者が参加し，かつ，指定都市にあつてはその区域内における地区社会福祉協議会の過半数及び社会福祉事業又は更生保護事業を経営する者の過半数が，指定都市以外の市及び町村にあつてはその区域内における社会福祉事業又は更生保護事業を経営する者の過半数が参加するものとする。
　一　社会福祉を目的とする事業の企画及び実施
　二　社会福祉に関する活動への住民の参加のための援助
　三　社会福祉を目的とする事業に関する調査，普及，宣伝，連絡，調整及び助成

四　前三号に掲げる事業のほか，社会福祉を目的とする事業の健全な発達を図るために必要な事業
2　地区社会福祉協議会は，一又は二以上の区（地方自治法第252条の20に規定する区及び同法第252条の20の2に規定する総合区をいう。）の区域内において前項各号に掲げる事業を行うことにより地域福祉の推進を図ることを目的とする団体であつて，その区域内における社会福祉を目的とする事業を経営する者及び社会福祉に関する活動を行う者が参加し，かつ，その区域内において社会福祉事業又は更生保護事業を経営する者の過半数が参加するものとする。
3　市町村社会福祉協議会のうち，指定都市の区域を単位とするものは，第1項各号に掲げる事業のほか，その区域内における地区社会福祉協議会の相互の連絡及び事業の調整の事業を行うものとする。
4　市町村社会福祉協議会及び地区社会福祉協議会は，広域的に事業を実施することにより効果的な運営が見込まれる場合には，その区域を越えて第1項各号に掲げる事業を実施することができる。
5　関係行政庁の職員は，市町村社会福祉協議会及び地区社会福祉協議会の役員となることができる。ただし，役員の総数の五分の一を超えてはならない。
6　市町村社会福祉協議会及び地区社会福祉協議会は，社会福祉を目的とする事業を経営する者又は社会福祉に関する活動を行う者から参加の申出があつたときは，正当な理由がないのにこれを拒んではならない。
（都道府県社会福祉協議会）
第110条　都道府県社会福祉協議会は，都道府県の区域内において次に掲げる事業を行うことにより地域福祉の推進を図ることを目的とする団体であつて，その区域内における市町村社会福祉協議会の過半数及び社会福祉事業又は更生保護事業を経営する者の過半数が参加するものとする。
　　一　前条第1項各号に掲げる事業であつて各市町村を通ずる広域的な見地から行うことが適切なもの
　　二　社会福祉を目的とする事業に従事する者の養成及び研修
　　三　社会福祉を目的とする事業の経営に関する指導及び助言
　　四　市町村社会福祉協議会の相互の連絡及び事業の調整
2　前条第5項及び第6項の規定は，都道府県社会福祉協議会について準用する。

あとがき

　本書の構想を練り始めたのは，2017年秋のことだった。折しも，社会福祉法が改正され，「我が事・丸ごと　地域共生社会」の概念に基づいた全世代・全対象型の包括的支援体制による地域福祉への転換が図られ始めた時期である。

　筆者は，もともと社会福祉学の研究者だった。大学院も社会福祉の博士後期課程を出ている。だが，父の介護のため一旦，大学教員の職を離職。2017年に再度，博士の学位を取得するために，母校の同志社大学大学院総合政策科学研究科に入り直した。そこで出会ったのが，共編著者であり，筆者の主任教授だったローカル・ガバナンスや協働などを専門領域とする新川達郎教授である。

　その年の9月，博論の調査を行うために三重県伊賀市社協を訪れた際，日本地域福祉学会会長で，本書の分担執筆者でもある原田正樹日本福祉大学教授とお会いする機会を得た。「地域共生社会」における包括的支援に関する博論を執筆しようと思っていた筆者は，なぜ，「地域共生社会」という政策用語が生まれたのか？　という経緯を尋ねてみた。原田会長と「地域福祉の政策化」について話をするうちに，社会福祉学と政策学双方の集合の輪に位置する者ならではの地域福祉学と政策学のダブルアプローチで「地域福祉政策論」を企画してみたいと思うに至ったのである。そのアイデアを原田先生に話すと，「面白いですね」と言って下さったのが，本書の企画が走り出すきっかけとなった。

　本書には，いまだ緒についたばかりの「地域共生社会」や包括的支援に関する概念，事例，その方向性などが，新しい地域福祉計画のあり方なども含めて，あますことなく記されている。

　実は，本書の校正原稿があがってきた頃，第7章を分担執筆された福井県立大学の瓦井昇先生の訃報が飛びこんできた。瓦井先生とは，前任地の島根大学時代からのおつきあいであり，先生は筆者とほぼ同世代である。ちょうど福井に校正原稿が届いた日，まだその死を知らぬ筆者のもとに幽霊が現れ，夜中にツクツクボウシの鳴き声に起こされるという不思議な経験をした。瓦井先生が，

「校正できなくて，すまん。あとは，よろしく頼む」と知らせにこられたのではないかと思う。本書は，享年56歳でみまかられた瓦井先生の遺稿となった。

　最後になったが，企画段階から筆者たちの思いをくんで下さって，本書の出版を快諾して下さった学文社の田中千津子社長に感謝申しあげる。

　本書が，地域福祉や地域政策の研究者はもとより，多くの院生や学部生の皆さん，および現場の社協や行政職員の皆様方の今後の指針を示す羅針盤となることを願ってやまない。

2019年10月

　　　　　　　　　　　　　　　　　　　　　　秋まだあさい京都にて

　　　　　　　　　　　　　　　　　　　　　　　　　　　　川島典子

索　引

あ行

アウトリーチ　134
「新しい公共」宣言　33
新たな公共　31, 32, 144
育児支援　114
イチロー・カワチ　109
一般財源　42
一般的信頼　107
インターグループ・ワーク説　124
ウールコック，M.　107
SC　106
NPO　9, 33, 34, 114
NPO法人　9, 114
エリアチーム　153

か行

下位概念　106
介護保険制度　8, 105
介護保険法　6
介護予防　8, 13, 106, 113
介護予防・日常生活支援総合事業　90
片山潜　141
ガバナンス　27
間接援助技術　133
官民協働　6
機関委任事務制度の廃止　43
規範　106
凝集性　111
共生　140
行政庁内連携　166
協働　9, 30
共同募金　57
キングスレー館　141

クラブ財　110
グリフィス報告　129
グリーンコープ　56
グループワーク　130
契約方式　6
ケースワーク　130
結合型ソーシャル・キャピタル　9
公共財　110
校区ボランティアビューロー　44
合計特殊出生率　114
構造的（structural）SC　112
行動的（behavioral）SC　112
コールマン，J. S.　107
国民保健サービスおよびコミュニティケア法　129
互酬性　110
個人レベルのSC　109
子育て支援　106, 114
子育て支援サロン　114
子育て支援センター　117
コミュニティ　134
コミュニティ・インターベンション　128
コミュニティ・オーガニゼーション　1, 124
コミュニティケア　5, 127
コミュニティソーシャルワーク　129
コミュニティディベロップメント　141
コミュニティディベロップメント・アプローチ　130
コミュニティソーシャルワーカー（CSW）　2, 46
コミュニティソーシャルワーク　1
コミュニティワーク　1, 130, 148

これからの地域福祉のあり方に関する研究会　地域における新たな支え合いを求めて―住民と行政に関する新しい福祉　4, 70

さ　行

済世顧問制度　3, 123
在宅福祉サービス　5
三位一体改革　6
CSW　2, 119
CO　124
COS　123
シーボーム報告　129
ジェイコブズ，J.B.　107
ジェネリック・コミュニティワーク　130
支援ネットワークづくり　15
市区町村社会福祉協議会（市区町村社協）　1, 41
自己決定　7
慈善組織協会　123
自治事務　43
私的財　110
社会疫学　109
社会関係資本　106
社会構成主義　138
社会資源　119
社会的な援護を要する人々に対する社会福祉のあり方に関する検討会　4, 68
社会的ネットワーク　107, 109
社会福祉関係8法改正　141
社会福祉基礎構造改革　5, 19
社会福祉協議会（社協）　24, 126
社会福祉協議会基本要項　126
社会福祉士　9, 119
社会福祉事業法　3
社会福祉法　5, 19, 105, 140

社会福祉法人制度改正　25
社会保障制度改革国民会議　63
住民参加　6
住民自治組織　13
住民主体の原則　126, 127, 138
住民の主体形成　144
主観的健康感　114
趣味の会　116
準都市部　116
障がい者支援　106
小学校区　116
少子化対策　114
小地域福祉活動　3
小地域福祉推進組織　161
新旧混合地区　116
新・社会福祉協議会基本要項　141
信頼　106
宍道地区　117
垂直型（vertical）SC　112
水平型（horizontal）SC　112
スペシャリスト・コミュニティワーク　130
生活困窮者自立支援制度　4, 8, 86, 105
生活困窮者の生活支援の在り方に関する特別部会　今日の生活困窮者の社会的孤立，尊厳と自律，つながりの再構築，包括的支援　4
生活支援コーディネーター　99
生活支援体制整備事業　90
制度の狭間　86
制度福祉　105
セツルメント運動　123, 127
全世代・全対象型の包括的支援体制　1, 4, 63, 105
相関関係　114
総合相談　119
総合相談機関　13

索　引　181

総合相談支援　163
総合相談窓口　11
相談支援包括化推進員　120
ソーシャル・キャピタル（Social Capital）　1, 105
ソーシャルアクション　147
ソーシャルネットワーク　109
ソーシャルワーク　2
措置制度　5

た 行

第3の道　28
代理変数　116
多機関の協働による包括的支援体制構築事業　86
タスク・ゴール（課題目標）　126
ダブルケア　9
地域運営組織　161
地域援助技術　1, 119, 123
地域介護予防推進センター　116
地域共生社会　1, 26, 27, 63, 105, 143
地域共生社会に向けた包括的支援と多様な参加・協働の推進に関する検討会　82
地域共生社会の実現に向けて（当面の改革工程）　105
地域ケア　144
地域ケアシステム　148
地域公益活動　169
地域差　115
地域支援事業　8, 86, 105
地域住民　15, 20, 21
地域生活課題　72, 144
地域における住民主体の課題解決力強化・相談支援体制の在り方に関する検討会（地域力強化検討会）　4, 65
地域のボランティア　119

地域福祉活動計画　167
地域福祉基金　54
地域福祉計画　5, 22, 73, 86, 105, 150
地域福祉計画・地域福祉総合計画　44
地域福祉実践　143
地域福祉ネットワーク　3
地域福祉の主流化　6
地域福祉の政策化　1
地域福祉マネジメント　150
地域福祉論　3, 4
地域包括ケア　13
地域包括ケアシステム　105, 113
地域包括ケアシステムの強化のための介護保険法等の一部を改正する法律　8, 105
地域包括支援　23, 24
地域包括支援センター　9, 119
地域力強化検討会　2
地域力強化推進事業　86
地域レベルのSC　109
地縁　115
地縁活動　115, 116
地縁組織　9
地区社協　119
地方自治体社会サービス法　129
地方自治法　6
地方分権　5
地方分権一括法　6
地方分権推進法　5
町内会自治会　114
直接援助技術　133
転倒骨折予防　116
統合化説　125, 138
特定非営利活動促進法　34
都市部　115-116
閉じこもり予防　116
都市類型　119

都道府県社会福祉協議会（都道府県社協）　3

な 行

名張市　13
名張版ネウボラ　14
ニーズ・資源調整説　124
ニッポン一億総活躍プラン　8, 65
日本型福祉社会　5
ニュースレター，W. I.　124
認知症予防　116
ネットワーキング　148
ネットワーク　106, 107, 110
農村部　116

は 行

バウンダリー・スパニング　101
バークレイ報告　129
橋渡し型（bridging）ソーシャル・キャピタル（SC）　9, 111
8050問題　9, 86
パットナム，R. D.　106
バート，R.　107
ハニファン，L. J.　106
福祉関係8法の改正　5
福祉コミュニティ　4, 145
福祉的な住民自治　144
福祉見直し論　5
福祉連帯基金　56
フクヤマ　107
ブルデュー，P.　107
ふれあい・いきいきサロン　118
プロセス・ゴール（過程目標）　126
分権改革　42
ベイカー，W.　107
放課後児童クラブ　114
包括支援体制　73

包括的支援　1, 105, 118
包括的支援体制　87, 113
法定受託事務　43
方面委員制度　3, 123
保健師　9
ボランティア　115
　　──の会　116-117
ボランティア元年　37

ま 行

マクロ　9
まちづくり　3, 144, 147
まちの保健室　8, 13
マルチ・レベル・ガバナンス　18, 23
ミクロ　9
民間福祉活動　124
民生委員制度　123
民生児童委員　3, 14, 119
メゾ　9
メゾ領域　133
メタ理論　133

や 行

友愛訪問　123
豊かな人間関係と市民活動の好循環を求めて　114

ら 行

ラウリー，G.　107
利用者本位　7
リン，N.　107
隣保館　127
隣保事業　127
レイン，R. P.　124
レイン委員会報告　124
連結型（linking）SC　112
老人福祉法等の一部を改正する法律

141
ローカル・ガバナンス　1, 34, 36, 145
ロス，M. G.　124
ロスマン，J.　128
ロンドン慈善組織協会（Charity Organization Society : COS）　123

わ行

我が事・丸ごと　140
我が事・丸ごと　地域共生社会　4
「我が事・丸ごと」地域共生社会実現本部　105

編著者略歴

新川　達郎（にいかわ　たつろう）
1950年生まれ
最終学歴　早稲田大学大学院政治学研究科修了
　　　　　東北大学助教授等を経て日本公共政策学会元会長，日本計画行政学会元副会長
現　　職　同志社大学大学院総合政策科学研究科教授・政策学部教授
専門分野　公共政策論，行政学，地方自治論。
主要著書　『公的ガバナンスの動態研究』（編著，ミネルヴァ書房），『政策学入門』（編著，法律文化社），『京都の地域力再生と協働の実践』（編著，法律文化社）ほか。

川島　典子（かわしま　のりこ）
1962年松江市生まれ
最終学歴　2007年同志社大学大学院文学研究科社会福祉学専攻博士後期課程単位取得満期退学。2018年同総合政策科学研究科博士課程後期退学。博士（政策科学）。
現　　職　新見公立大学健康科学部地域福祉学科准教授，同志社大学ソーシャル・ウェルネス研究センター客員フェロー。
専門分野　社会福祉政策，地域福祉，ジェンダーなど。
主要著書　『地域福祉の理論と方法』（編著，学文社），『アジアのなかのジェンダー』（編著，ミネルヴァ書房），『現代社会と福祉』（共著，学文社）ほか。

地域福祉政策論

2019年11月15日　第一版第一刷発行

編著者　新川　達郎
　　　　川島　典子
発行者　田中　千津子

発行所　〒153-0064　東京都目黒区下目黒3-6-1
　　　　☎ 03(3715)1501　FAX 03(3715)2012
　　　　振替　00130-9-98842
　　　　株式会社　学文社

検印省略
©2019 NIIKAWA Tatsuro and KAWASHIMA Noriko
Printed in Japan
ISBN 978-4-7620-2928-8　印刷／東光整版印刷㈱